Menschenwürde – Probleme der Begründung
und Geltung einer universalen Norm

Hans-Georg Babke (Hrsg.)

Menschenwürde – Probleme der Begründung und Geltung einer universalen Norm

Bibliografische Information der Deutschen Nationalbibliothek
Die Deutsche Nationalbibliothek verzeichnet diese Publikation
in der Deutschen Nationalbibliografie; detaillierte bibliografische
Daten sind im Internet über http://dnb.d-nb.de abrufbar.

Gedruckt auf alterungsbeständigem,
säurefreiem Papier.

ISBN 978-3-631-66180-2 (Print)
E-ISBN 978-3-653-05847-5 (E-Book)
DOI 10.3726/978-3-653-05847-5

© Peter Lang GmbH
Internationaler Verlag der Wissenschaften
Frankfurt am Main 2016
Alle Rechte vorbehalten.
PL Academic Research ist ein Imprint der Peter Lang GmbH.

Peter Lang – Frankfurt am Main · Bern · Bruxelles ·
New York · Oxford · Warszawa · Wien

Das Werk einschließlich aller seiner Teile ist urheberrechtlich
geschützt. Jede Verwertung außerhalb der engen Grenzen des
Urheberrechtsgesetzes ist ohne Zustimmung des Verlages
unzulässig und strafbar. Das gilt insbesondere für
Vervielfältigungen, Übersetzungen, Mikroverfilmungen und die
Einspeicherung und Verarbeitung in elektronischen Systemen.

Diese Publikation wurde begutachtet.

www.peterlang.com

Inhalt

Hans-Georg Babke
Diskrepanzen zwischen der Verwendung des
Menschenwürde-Arguments und seiner Bestimmtheit 7

Christoph Enders
Die „Würde des Menschen" als Leitidee staatlicher
Ordnung – Zu den Chancen und Risiken der Karriere
eines Verfassungssatzes... 23

Ina Schaede
Würde und religiöse Bildung im Modus des Bildens
und Gebildetwerdens 43

Johannes D. Schütte
Die ‚soziale Vererbung' gesellschaftlicher Chancen
in der Bundesrepublik Deutschland 67

Autorenverzeichnis... 87

Hans-Georg Babke

Diskrepanzen zwischen der Verwendung des Menschenwürde-Arguments und seiner Bestimmtheit

Idee und Begriff der Menschenwürde haben sowohl im Bereich der politischen Verfassungsgeschichte und bei der Fortentwicklung des Verfassungsrechts als auch in sozialethischen Debatten über Träger und Reichweite der Menschenwürdegarantie eine beachtliche Karriere gemacht. Diese Karriere hat aber auch die Dilemmata der Verwendung dieser Norm zum Vorschein gebracht:

- das Dilemma der Partikularität ihrer weltanschaulichen Begründung,
- das Dilemma ihrer Kulturabhängigkeit,
- das Dilemma der Inkompatibilität von mitgifttheoretischen und zuerkennungstheoretischen Begründungsansätzen
- und das Dilemma der uneindeutigen Operationalisierbarkeit sowohl in Bezug auf die Träger als auch in Bezug auf konkret daraus ableitbare Ansprüche.

1. Dilemma der Partikularität der weltanschaulichen Begründung der Menschenwürde

Bekanntlich erscheint der Menschenwürde-Begriff erstmalig in dem von antiken Stoikern konzipierten Menschenbild. So hat Cicero zwei Verwendungsweisen des Würdebegriffs unterschieden: zum einen diejenige Würde, die einem Menschen aufgrund seiner sozialen Stellung zukommt und ihm „nach dem Maß seines Verdienstes" zuteil wird; zum anderen aber eine allen Menschen als Angehörigen der Menschengattung im Unterschied zu den Tieren zukommende Würde aufgrund ihrer besonderen Vernunftbegabung.[1] Nach stoischer Auffassung gibt es eine wesensmäßige Entsprechung zwischen der vernünftigen Weltordnung, die durch den göttlichen Logos garantiert wird, und dem menschlichen Logos.[2] Diese Teilhabe des Menschen am göttlichen Logos macht das Wesen des Menschen aus und ist der Grund für seine Würdestellung. In ethischer Hinsicht wurden in der Antike lediglich die Konsequenzen für die individuellen Pflichten gezogen, insbesondere für den angemessenen Umgang mit Schicksalsschlägen. Die Haltung eines guten Menschen besteht nach Seneca darin, „sich dem Schicksal hinzugeben. Ein großer Trost ist es, in der Bewegung des Alls mitgeführt zu werden".[3] Politische Rechte des Einzelnen dagegen wurden in jener Zeit aus der Sonderstellung des Menschen noch nicht abgeleitet. Das geschah erst an der Schwelle zur Neuzeit im Humanismus und in der Frühaufklärung.

Einer der Wegbereiter der Aufklärung und Begründer von vorstaatlichen, natürlichen, angeborenen und gleichen Menschenrechten war Samuel Pufendorf (1632–1694). Wie Cicero gestand er allen Menschen Würde aufgrund ihrer Vernunftnatur zu. Er stellte fest, dass jedem erwachsenen und normalsinnigen Menschen trotz des Sündenfalls „noch so viel von der Natuerlichen Erleuchtung uebrig verbleiben sey / daß er vermittelst angewandten geziemenden Fleisses und

---

[1] Cicero, De officiis I, 14; De republica I, 27.29, in: braunschweiger beiträge zur religionspädagogik, Sonderheft Zentralabitur, (hrsg. von Hans-Georg Babke/Heiko Lamprecht), Wolfenbüttel 2013, 47 f.

[2] Marc Aurel, Selbstbetrachtungen, Auszug in: Karl Vorländer, Philosophie des Altertums, Hamburg 1969, 282 f.

[3] Seneca, De providentia (Über die Vorsehung), Stuttgart 1996, 25 ff.

Nachsinnen zum wenigsten nur diejenigen allgemeinen Gebote und Principia, welche zur Fuehrung eines tugendhafften und geruhigen Wandels in diesem Leben befoerderlich seyn / richtig begreiffen / und / daß solche mit der Menschen Gemueths= und Geschlechts=Art / gar genau uebereinkommen / zugleich ermessen koenne."[4] Eine weitere Eigenschaft, die bei Pufendorf im engen Zusammenhang mit einer unversehrten Vernunftnatur des Menschen steht, ist dessen freier Wille, mit dem er das Gute und Böse erwählen und verwerfen kann. Damit sind wesentliche Elemente des aufklärerischen Menschenbildes bei Pufendorf bereits vorweggenommen: der Mensch als von Natur aus vernunftbegabtes, sittlich autonomes und mit freiem Willen ausgestattetes Wesen, das seine sittliche Autonomie durch das in der Vernunft a priori eingeprägte Moralgesetz erhält. Diese Wesensbestimmung ist der Grund für die Zuerkennung der jedem Menschen angeborenen Würde.[5] „Ja / es beduencket uns das Wort Mensch selbst von einer besondern Wuerde zu seyn / indem man dieser gegen anderer hochtrabenden Verachtung gemeiniglich zur aeussersten und nachdruecklichsten Verantwortung gebrauchet: Bin ich doch kein Hund /sondern eben so wohl ein Mensch / als du. Weil wir denn die menschliche Natur alle mit einander unter uns gemein haben/ und niemand mit denjenigen gern wil / oder kann in Gesellschaft leben / von welchen er nicht zum wenigsten ebenfalls so gut / als ein Mensch / oder der gleicher Natur mit ihm teilhafftig / geachtet wird: als muß man dieses zum andern bey der schuldigen Gebuehr derer Menschen gegen einander in acht nehmen: Daß nämlich ein jeder den andern vor einen Menschen halte / und ihm also begegne / als

---

4 Samuel Pufendorf, Gesammelte Werke, Bd. 2: De officio (hrsg. von Gerald Hartung), Berlin 1997, 111 f.
5 Ebd., 126 f.

einen / der ihm von Natur gleich / oder der eben so wohl ein Mensch ist / wie er."[6] Aus der Gleichheit der Natur und der Würde des Menschen folgert Pufendorf die Unantastbarkeit der natürlichen Rechte des anderen sowie die Rechtsgleichheit aller Menschen.[7]

Zugleich aber begründete Pufendorf die Notwendigkeit eines durch Gesellschaftsvertrag konstituierten staatlichen Gemeinwesens mit der faktischen Schwäche der menschlichen Moralität. Der Staat habe die Aufgabe, dem Menschen vor den Angriffen anderer auf seine natürlichen Rechte zu schützen. Auch wenn Pufendorf im Unterschied zu der demokratischen Entwicklung in den neuenglischen Kolonien zu dem Schluss kam, dass diese Aufgabe am effektivsten in einer von jeder Gesetzesbindung freien absolutistischen Monarchie wahrgenommen werden könne,[8] war doch das zugrunde liegende Menschenbild weitgehend identisch. Von Natur aus hat der Mensch als göttliche Mitgift eine ihm angeborene Würde und gleiche Rechte aufgrund der Fähigkeit zur Moralität, das Wissen a priori um Gut und Böse und damit die sittliche Autonomie, sowie den freien Willen, sich für das eine oder andere zu entscheiden.

Immanuel Kant ging insofern über Pufendorf hinaus, als er die menschliche Würde zusätzlich damit begründete, dass der Mensch nicht wie alle anderen innerweltlichen Dinge nur Mittel zum Zweck, sondern Selbstzweck sei.[9] Kant definiert Würde (*dignitas*) als einen Wert, „der keinen Preis hat, kein

---

6 Ebd., 147.
7 Ebd., 148.
8 Ebd., 205.
9 Immanuel Kant, Die Metaphysik der Sitten, Stuttgart 1990, 338; 354.

Äquivalent, wobei das Objekt der Wertschätzung (*aestimii*) ausgetauscht werden könnte."

Es waren außerdem liberale protestantische Theologen der Aufklärungszeit, wie der Göttinger Universitätsprediger Johann Gottlob Marezoll (1761–1828), die in der alttestamentlichen Würdigung des Menschen als Ebenbild Gottes (Gen. 1, 27 f.) eine Verknüpfung zwischen der christlichen Tradition und der stoischen Philosophie herstellten. „Herabwürdigung der Vernunft" – so Marezoll – „ist Undank gegen Gott, der uns dieselbe verlieh. Wie, hat uns denn der gütige Schöpfer ein so gefährliches Geschenk mit der Vernunft gemacht, daß wir uns derselben gerade da enthalten müßten, wo es auf das Heil unserer Seele ankömmt? Wie, hat denn der Allweise seines Zwecks, uns durch Vernunft zu seiner Verehrung zu führen, so ganz verfehlt, daß wir nöthig hätten, einander vor der Vernunft zu warnen? Wie kann uns denn die Gabe der Vernunft, die uns zum Bilde Gottes, zur Aehnlichkeit und zur Gemeinschaft mit ihm erhebt, von Gott entfernen? Ist es denn also nicht Verleumdung der Vernunft, nicht Undank gegen Gott, der uns dieselbe verlieh, wenn wir behaupten, daß sie von Natur feindselig gegen ihn gesinnt sey!"[10]

Die biblische Wertschätzung des Menschen als Ebenbild Gottes erwies sich als anschlussfähig an den stoischen Würdebegriff, weil „Ebenbild" im mitgift- bzw. eigenschaftstheoretischen Sinne als qualitätsmäßige Entsprechung des Menschen zu Gott, begründet in der Vernunft, gedeutet werden konnte.

---

10 Johann Gottlob Marezoll, Ueber die Herabwürdigung der Vernunft in den Angelegenheiten der Religion, in: Wichmann von Meding (Hg.), Predigten von protestantischen Gottesgelehrten der Aufklärungszeit, Darmstadt 1989, 163–180, hier: 178 f.

In den frühen Texten westlich demokratischer Verfassungen taucht der Würdebegriff als Leitnorm noch nicht auf. Allenfalls ist er mitgesetzt in der normativen Feststellung, dass alle Menschen gleich seien. Die explizite Nennung geschah erst nach den Erfahrungen mit dem nationalsozialistischen Unrechtsstaat. In Artikel 1 des bundesdeutschen Grundgesetzes von 1949 heißt es: „Die Würde des Menschen ist unantastbar. Sie zu achten und zu schützen ist Verpflichtung aller staatlichen Gewalt." Worin der Grund der Würde besteht, wird nicht erläutert. Gleichzeitig aber wird sie als dem Staat vorgegeben und ihm vorausgehend dargestellt. Sie ist nicht Gegenstand staatlicher Zuerkennung, sondern staatlicher Anerkennung.

Das Dilemma ergibt sich nun in einer pluralistischen Gesellschaft aus der Spannung zwischen der unbegründeten Unbedingtheit der Verfassungsforderung, die Würde jedes Menschen zu achten, und ihren nicht genannten, aber doch irgendwie vorausgesetzten metaphysisch-religiösen Wurzeln. Entweder ist diese Forderung so selbstevident, dass es gleichgültig ist, mit welcher religiösen oder weltanschaulichen Begründung man sie nachträglich rationalisiert. Oder aber sie kann aufgrund ihrer perspektivisch partikularen Begründung mit der stoisch-christlichen Anthropologie keine allgemeine Geltung beanspruchen. Der Zentralrat der Muslime in Deutschland hat vor einer einseitigen Vereinnahmung der Menschenwürde als christlich-jüdischer Tradition gewarnt, weil sie „die Autorität des Grundgesetzes" schwäche, „indem versucht wird, dieses zu taufen."[11]

---

11 http://islam.de/17531.php.

2. Das Dilemma ihrer Kulturabhängigkeit

Das vorgenannte Dilemma der unzureichenden Pluralitätsfähigkeit der Würdebegründung verschärft sich noch einmal auf internationaler Ebene. Bereits 1948 war in der Allgemeinen Erklärung der Menschenrechte (AEMR) durch die Generalversammlung der Vereinten Nationen in Artikel 1 normativ festgestellt worden: „Alle Menschen sind frei und gleich an Würde und Rechten geboren. Sie sind mit Vernunft und Gewissen begabt und sollen einander im Geist der Brüderlichkeit begegnen." Hier wird die Würde ausdrücklich mitgift- bzw. eigenschaftstheoretisch im Sinne der Traditionen des westlichen Kulturraumes begründet. Das ist umso erstaunlicher, als damit erstmalig die Garantie von Menschenwürde und Menschenrechten Eingang ins internationale Völkerrecht fand und auch Staaten in die Pflicht nahm, die von ihren kulturell-weltanschaulichen Voraussetzungen die Begründung nicht teilen oder deren Voraussetzungen nicht anschlussfähig sind an die westliche Perspektive. „Mit der AEMR wurden die Wertevorstellungen und Normen des westlichen Kulturkreises universalisiert und für weltweit verbindlich erklärt. Insoweit könnte von einem ideologisch-missionarischen Kolonialismus ... gesprochen werden. Keines der formulierten Rechte entstammte einem anderen Kulturkreis."[12] Auch wenn diese Formulierung etwas überspitzt sein mag – immerhin haben die Mitgliedsländer ihren Beitritt aus freien Stücken erklärt –, ist die Kulturabhängigkeit des Würdeprinzips und ihrer Begründung nicht zu leugnen. Auch hier gibt es die Alternative: Entweder die eigenkulturellen Begründungen nicht-westlicher Staaten sind unausdrücklich in irgendeiner Weise anschlussfähig, etwa in

---

12 Eike Wolgast, Geschichte der Menschen- und Bürgerrechte, Stuttgart 2009, 219.

Form einer formalen Minimalethik analog zur Goldenen Regel oder zum Kategorischen Imperativ (Projekt „Weltethos"), oder die Unbedingtheit der Geltung der Würdeforderung nimmt Schaden, weil die in der kulturellen Perspektivität liegenden Voraussetzungen nicht geteilt werden.

3. Das Dilemma der Inkompatibilität von mitgift- und zurechnungstheoretischen Begründungsansätzen

Zwischen den protestantischen Kirchen und der römisch-katholischen sowie den orthodoxen Kirchen, aber auch innerhalb der evangelischen Kirche herrschen unterschiedliche, nur schwer miteinander zu vereinbarende Menschenbilder vor. Ganz im mitgift- bzw. eigenschaftstheoretischen Sinne der griechischen Philosophie kann beispielsweise die russisch-orthodoxe Kirche sagen: „Gemäß der biblischen Offenbarung schuf Gott nicht nur die menschliche Natur, sondern stattete sie mit Eigenschaften aus nach seinem Bilde und seiner Ähnlichkeit (Gen 1: 26). Das ist der einzige Grund, der es möglich macht zu behaupten, dass die menschliche Natur eine ihr angeborene Würde habe. Die Menschwerdung von Gottes Wort hat gezeigt, dass die menschliche Natur ihre Würde trotz des Sündenfalls nicht verloren hat, denn das Bild Gottes blieb in ihr unversehrt, was bedeutet, dass eine Gelegenheit bleibt, um das menschliche Leben in der Fülle seiner ursprünglichen Vollkommenheit wiederherzustellen." (Übersetzung bab)[13] Nach diesem Menschenbild wird „Sünde" als etwas bloß Äußerliches verstanden, das nicht an den Wesenskern des Menschen heranreicht. Sie ist lediglich ein

---

13 The Russian Orthodox Church's Basic Teaching on Human Dignity, Freedom and Rights (2008), unter: http://nanovic.nd.edu/assets/17001/seminar_ii_russian_orth_church.pdf.

Verstoß gegen das eigentlich gewusste Gute, bloß ein Mangel an Gutem (privatio boni), dem keine eigenständige Realität zugemessen wird.

Dagegen hatte Luther – insbesondere in seiner Auseinandersetzung mit Erasmus die Unversehrtheit der Vernunft und den freien Willen des Menschen bestritten[14] – wenigstens in Bezug auf dessen Verhältnis zu Gott. „Sünde" wird von Luther nicht im stoischen Sinne als bloßer Mangel an Gutem (privatio boni) verstanden, dem keine eigenständige Realität zukommt, sondern als reale und stets lebendige Wirkmacht. Zudem wird das Wesen des Menschen von ihm nicht primär als Vernunftnatur bestimmt, sondern als Wille. Unter der unablässigen Wirksamkeit der Sünde neigt der Mensch von Natur aus dazu, sein Vertrauen auf sich selbst und seine Leistungskraft anstatt auf Gott zu setzen. Damit wird nicht die Leistungsfähigkeit der Vernunft bestritten, sondern die Unversehrtheit ihrer Absichten und Zwecksetzungen. „Sünde" nach diesem Verständnis bezeichnet die menschliche Hybris, in soteriologischer Hinsicht selbst mächtig zu sein, gerade auch durch den Stolz auf die eigenen moralischen Leistungen. Da der Wille das einende Personenzentrum ist, ist auch die Vernunft des Menschen von dieser sündhaften Eigenmächtigkeit betroffen und kein unversehrtes Urstandsphänomen, durch das sich der Mensch, wenn er sich nur darauf besinnt, von dem bisherigen Mangel an moralischer Tugendhaftigkeit befreien und sein „Leben in der Fülle seiner ursprünglichen Vollkommenheit" aus eigenem Vermögen wiederherstellen kann. Jeder Versuch der Selbstbefreiung verstärkt nur noch die Hybris soteriologischer Macht. Aus dieser

---

14 Martin Luther, Vom unfreien Willen (1525), in: Kurt Aland (Hg.), Luther Deutsch, Die Werke Martin Luthers in neuer Auswahl für die Gegenwart, Bd. 3, Stuttgart/Göttingen 1961³, 151–334.

Situation kann er nur von außen befreit werden, durch den gnädigen Zuspruch Gottes, trotz des bleibenden sündhaften Wesen angenommen und wertgeschätzt zu sein. Die Würde des Menschen nach diesem Verständnis kann nur zugesprochene, passive Würde und nicht eine sich aus den besonderen Eigenschaften des Menschen abzuleitende sein. Nach Luthers Verständnis vom Menschen kann die Menschenwürde nicht mitgift- oder gar leistungstheoretisch, sondern nur zuerkennungstheoretisch begründet werden.

Vor diesem Hintergrund des Verständnisses von der Erb- oder Ursünde geriet jede postulierte Selbstbestimmung als wesentliches Element der Menschenwürde in den Verdacht sündhafter soteriologischer Eigenmächtigkeit.

Darin dürfte einer der Hauptgründe dafür liegen, weshalb es insbesondere den lutherischen Kirchen in ihren offiziellen Verlautbarungen bis in die jüngste Vergangenheit nicht gelungen ist, die Zurückhaltung gegenüber der demokratischen Staatsordnung und den in der Menschenwürde gründenden Menschenrechten aufzugeben und sich in ein positives Verhältnis dazu zu setzen.

Die Evangelische Kirche in Deutschland hat sich erst 1985 in ihrer Denkschrift „Evangelische Kirche und freiheitliche Demokratie" zur demokratischen Staatsform bekannt und die Nähe des christlichen Menschenbildes zu den Grundelementen der freiheitlichen Demokratie festgestellt. Als solche Grundelemente werden die „Achtung der Würde, Anerkennung der Freiheit und der Gleichheit" genannt sowie die Forderung nach politischer und sozialer Gerechtigkeit.[15]

---

15 Kirchenamt der EKD (Hg.), Evangelische Kirche und freiheitliche Demokratie. Der Staat des Grundgesetzes als Angebot und Aufgabe, Gütersloh 1985², 13.

Begründet wird das so: „Der Gedanke der Menschenwürde ist inhaltlich eine Konsequenz der biblischen Lehre von der Gottesebenbildlichkeit des Menschen als Geschöpf Gottes (Gen 1,27). Wir bekennen Jesus Christus als den, der die Menschen und damit die Welt mit Gott versöhnt hat. Das Neue Testament lehrt uns, daß Christus stellvertretend für jeden sündigen Menschen sein Leben gegeben hat und für uns vor Gott eintritt."[16]

Leider bleibt hier alles unklar. Wie soll denn nun die Metapher von der Gottebenbildlichkeit verstanden werden, in einem mitgift- bzw. eigenschaftstheoretischen Sinn entsprechend der orthodoxen oder der aufklärerischen Anthropologie oder in einem zuerkennungstheoretischen Sinn nach Luther? Man muss den Eindruck gewinnen, dass beide Menschenbilder, das lutherische und das philosophische, unverbunden nebeneinander gestellt wurden. Für die evangelische Theologie bleibt als Desiderat, eine konsistente Begründung ihrer Zustimmung zur demokratischen Verfassung und zum Würdeprinzip zu finden. Zu denken wäre dabei an die Rezeption der zuerkennungstheoretischen Begründung Luthers und ihre Ausdehnung über das Gott-Mensch-Verhältnis hinaus auf das zwischenmenschliche Verhältnis. „Würde" wäre dann ein Beziehungsbegriff und keine Bezeichnung einer menschlichen Eigenschaft.[17] Er würde die gegenseitige Achtung trotz des Andersseins des anderen bezeichnen. Wenn es stimmt, dass es in allen Kulturen – empirisch und nicht nur transzendentalphilosophisch postuliert – eine Minimalethik gibt, nach der man dem anderen nichts zufügen soll, was man

---

16 Ebd.
17 Wolfgang Vögele, Menschenwürde jenseits des Rechts. Neue ethische Konsequenzen aus einem verrechtlichten Begriff, in: Deutsches Pfarrerblatt 12/2011, 637–641.

selbst nicht erleiden möchte, könnte damit die Verpflichtung über kulturelle Grenzen hinaus begründet werden. Bei dieser Ausweitung würde freilich die asymmetrische Beziehungsstruktur im Gott-Mensch-Verhältnis zu einer symmetrischen Struktur der wechselseitigen zwischenmenschlichen Beziehung modifiziert.

4. Das Dilemma der uneindeutigen Operationalisierbarkeit sowohl in Bezug auf die Träger als auch in Bezug auf konkret daraus ableitbare Ansprüche

Im Kontrast zur zögerlichen kirchlichen Zustimmung zur demokratischen Staatsordnung und ihren Grundelementen steht die fast schon inflationäre Verwendung des Menschenwürde-Arguments in Verbindung mit der Metapher von der Gottebenbildlichkeit des Menschen in den offiziellen kirchlichen Stellungnahmen der letzten Jahre insbesondere zur Embryonenforschung. Vor allem von den Befürwortern eines Lebensschutzes „von Anfang an" wurde die Präimplantationsdiagnostik abgelehnt. Begründet wurde das so: „Darin, dass jeder Mensch zum Gegenüber Gottes geschaffen ist, liegt die unableitbare, nicht verzweckbare Würde eines jeden Menschen begründet. Eine mit der Zulassung der PID bei bestimmten Krankheitsbildern zwingend gegebene Selektion zwischen lebenswertem und lebensunwertem Leben ist damit nicht vereinbar."[18] Hier wird Embryonen im Frühstadium bereits zuerkannt, im Vollsinn Träger der Menschenwürde zu sein. Kritiker dagegen verweisen auf einen gestuften Würdeanspruch von Embryonen. Sie differenzieren – wie

---

18 Stellungnahme des Rates der Evangelischen Kirche in Deutschland zur Präimplantationsdiagnostik, in: epd-Dokumentation 9/2011, 5–7, hier: 8.

der evangelische Sozialethiker Hartmut Kreß – zwischen „menschlichem Leben" und „Menschsein": „Der frühe Embryo ist kein bloßes ,etwas', aber auch noch kein ,jemand'; er stellt ,human life', aber noch kein ,human being' dar, da er als Mensch noch ganz unterentwickelt ist. Menschsein im engeren Sinn ... ist noch nicht vorhanden."[19] Dementsprechend haben Embryonen im Frühstadium zwar einen Schutzanspruch, aber noch keinen Würdeanspruch. Deshalb sei es durchaus legitim, den embryonalen Schutzanspruch gegen andere Schutzgüter abzuwägen, wie z.B. gegen das Recht auf Gesundheit. An dieser Auseinandersetzung zeigt sich, dass sich die Menschenwürdegarantie nur schwer operationalisieren lässt. Letztlich lassen sich aus diesem Prinzip nur wenige Konkretionen ableiten, wie es Matthias Herdegen in seinem Kommentar zum Grundgesetz deutlich gemacht hat.[20] Das gilt insbesondere für soziale Teilhaberechte (Zugang zu Bildungseinrichtungen, Existenzminimum), bei denen schwer die Grenzen zu bestimmen sind, ab wann die Menschenwürde tangiert ist. Aus demselben Prinzip kann gleichermaßen die Legalisierung der Homosexualität mit Verweis aus das Selbstbestimmungsrecht gefolgert werden wie auch das genauer Gegenteil mit Verweis auf das naturgebundene Sittengesetz[21], das Recht auf assistierten Suizid ebenso wie das Verbot zur Selbsttötung. Im Gegensatz zur Bedeutungsgeladenheit in

---

19 Hartmut Kreß, Ab wann ist der Embryo ein Mensch? Menschenwürde und Lebensschutz des Embryos in theologischer Sicht, in: Nova Acta Leopoldina NF 96, Nr. 354, 2007, 49–70, hier: 62.
20 Matthias Herdegen, Art. 1 Abs. 1 GG, in: Theodor Maunz/ Günter Dürig/Roman Herzog (Hg.), Grundgesetz. Kommentar, München 2005, 1–73; hier: 31.
21 The Russian Orthodox Church's Basic Teaching on Human Dignity, Freedom and Rights (2008), unter: http://nanovic.nd.edu/assets/17001/seminar_ii_russian_orth_church.pdf.

der Verwendung des Menschenwürde-Arguments steht dessen inhaltliche Unbestimmtheit, sowohl was die konkreten Ansprüche und den Trägerkreis betrifft als auch was die zeitliche Reichweite betrifft. Gegen eine ahistorische Verabsolutierung der Menschenwürdegarantie und gegen die Auffassung, es handele sich dabei um einen archimedischen Punkt – so Tine Stein[22] –, spricht schon die Verfassungsgeschichte selbst. Mit Recht ist darauf hingewiesen worden, dass in der Frühzeit demokratischer Verfassungen nur Männer die Träger der Menschenrechte waren.[23] Das zeigt, dass die mitgift- bzw. eigenschaftstheoretischen Begründungen letztendlich in der zuerkennungstheoretischen Begründung fundiert sind. Jede Ontologisierung der Menschenwürde hat in den rechtlich-politischen Auseinandersetzungen vor allem die Funktion, die eigenen Konkretionen und Ableitungen von Schutzrechten valider zu machen. Absolute archimedische Punkte kann es innerhalb des weiterlaufenden Flusses der Geschichte nicht geben. Auch wenn der Menschenwürdegarantie in den Verfassungen und Deklarationen eine absolute Geltung verschafft worden ist, wird man sich nicht „von der

---

22 „Nur dann kann Artikel 1 die ihm zukommende Funktion eines Apriori der Rechtsordnung übernehmen: als eines archimedischen Punktes, der den Vereinbarungen der unmittelbar Beteiligten notwendig vorausliegt und auf den sie keinen Zugriff haben, da andernfalls ihr Status als Freie und Gleiche unter dem Vorbehalt einer möglichen Veränderung stünde."
Tine Stein, Rechtliche Unverfügbarkeit und technische Machbarkeit des Menschen: Zur metaphysischen Begründung der Menschenwürde, in: Manfred Brocker/Tine Stein (Hg.), Christentum und Demokratie, Darmstadt 2006, 170–187; hier: 185.

23 Annemarie Pieper, Menschenwürde. Ein abendländisches oder ein universelles Problem, in: Eilert Herms (Hg.), Menschenbild und Menschenwürde, Gütersloh 2001, 19–30; hier: 23.

Last komplexer Abwägung"[24] in den konkreten Einzelfällen befreien können. Im Diskurs wird stets neu zu ermitteln sein, welche Ansprüche sich aus der Menschenwürdegarantie ergeben. Ein archimedischer Punkt jedenfalls, der a priori Gewissheit verschaffen könnte, ist diese Garantie nicht.

Die Aufsätze dieses Bandes basieren überwiegend auf Vorträgen, die während eines Sozialethischen Symposiums des Arbeitsbereiches Religionspädagogik und Medienpädagogik, der Lehrerfortbildungseinrichtung der Ev.-luth. Landeskirche in Braunschweig, gehalten und erörtert wurden. Sie verstehen sich als Beitrag zur Klärung der genannten Dilemmata.

---

24 Matthias Herdegen, aaO, 31

Christoph Enders

Die „Würde des Menschen" als Leitidee staatlicher Ordnung – Zu den Chancen und Risiken der Karriere eines Verfassungssatzes

1. Die Würde des Menschen als Leitidee des Grundgesetzes

„Die Würde des Menschen ist unantastbar" – mit diesem Aussagesatz beginnt der Grundrechtsabschnitt des Grundgesetzes der Bundesrepublik Deutschland vom 23. Mai 1949. Bevor wir uns klar machen, wie dieser Satz in Rechtswissenschaft und Rechtsprechung heute verstanden wird, ist zunächst zu betonen, dass der Satz jedenfalls über seine ihm ursprünglich von den Verfassungsvätern und -müttern zugedachte Bedeutung hinausgewachsen ist. Er hat Karriere gemacht. Ob ihm das nur gut getan hat, ist eine Frage, die im Anschluß an die Erhebung der ursprünglichen Bedeutung des Satzes von der Menschenwürde und die Darstellung der Rezeptionsgeschichte in kritischer Absicht aufgeworfen und ansatzweise beantwortet werden soll.

Wie war der Satz ursprünglich gemeint? Die Abgeordneten des Parlamentarischen Rats wollten mit dem Grundgesetz das von den Nationalsozialisten mit Füßen getretene *Recht des Menschen* wiederherstellen, sie wollten damit zugleich Deutschland wieder in die Gemeinschaft zivilisierter Völker zurückführen. Dies konnte nur auf der Basis der Anerkennung von Menschenrechten geschehen, wie sie in den aufklärerisch-vernunftrechtlichen Texten der abendländischen Philosophie konzipiert, von den revolutionären

Menschenrechts-Deklarationen des 18. Jahrhunderts ausgeformt worden sind. Diese Menschenrechtstradition war dem deutschen Verfassungsrechtsdenken keineswegs fremd – aber sie war mit dem Nationalsozialismus nicht nur abgebrochen, sondern in Theorie und Praxis dieses Unrechtsregimes grundsätzlich negiert worden.

Wollte man zur Tradition der Menschenrechte zurückkehren, so konnte das nicht ohne jede begründende Erklärung geschehen. Aus dem allgemein empfundenen Bedürfnis einer begründenden Erklärung – für die Rückkehr zur Tradition der Menschenrechte, für die Erneuerung der Botschaft von Freiheit und Gleichheit des Menschen – versteht sich auch die Funktion des Art. 1 GG: Die Betonung war als *Präambel des Grundrechtsabschnitts* konzipiert[1]. Sie sollte klar machen, dass dem Menschen kraft seiner Würde ein auf Erden unvergleichlicher Eigenwert zukommt, ein Eigenwert, der ihn vor allem als Träger von Rechten um seiner selbst willen ausweist – als Rechtssubjekt, Person. Diese Rechte, die dem Menschen als solchem voraussetzungslos um seiner selbst willen – unverletzlich und unveräußerlich – zustehen, sind die Menschenrechte, zu denen sich das deutsche Volk „darum" in Art. 1 Abs. 2 GG bekennt und die dann, in den Konkretisierungen der „nachfolgenden Grundrechte",

---

[1] Hierzu und zum folgenden C. Enders, Art. Grundrechte, in: Huster/Zintl (Hrsg.), Verfassungsrecht nach 60 Jahren, 2009, S. 96–102 (96 f.); ders., Das Bekenntnis zur Menschenwürde im Bonner Grundgesetz – ein Hemmnis auf dem Weg der Europäisierung? JÖR N.F. 59 (2011), S. 245–277 (245 f.); vgl. auch *M.* Schmoeckel, Die unbekannte Menschenwürde, Evang. Theolog. 66 (2006), S. 405–425 (412 f.); H. Kreß, Ethik der Rechtsordnung, Stuttgart 2012, S. 117 f.

positive – d. h. justitiable, einklagbare – Gestalt annehmen (Art. 1 Abs. 3 GG).

Die Reihenfolge der drei Absätze der „Präambel" des Grundrechtsabschnitts ist damit wohlbedacht: Mit dem Satz von der Menschenwürde wird der ursprüngliche Rechtsanspruch des Menschen proklamiert, seine Rechtsfähigkeit, sein „Recht auf Rechte". Die Würde des Menschen ist der Grund, warum Menschenrechte anzuerkennen sind und vom deutschen Volk anerkannt werden, deren Bestimmung es ist, dem äußeren Schutz dieser Würde zu dienen. Diese Menschenrechte geben dabei den „nachfolgenden" Grundrechten nicht nur die äußere Form vor, in der die Menschenwürde rechtlich zu wahren ist – nämlich die Form subjektiver und gegen den Staat gerichteter Rechte. Die Menschenrechte klären auch über den Sinn und Zweck der Grundrechte auf, den Einzelnen im Geiste der Menschenrechtsidee vor der Übermacht des Staates in Schutz zu nehmen. Die dem Grundgesetz mit dem Bekenntnis zur Würde des Menschen vorgegebene Leitidee lautet also: Ohne Würde keine Rechte, ohne Rechte keine Würde.

Drei Präzisierungen dieser präambelartig vorangestellten Leitidee sind noch vonnöten: Zum einen hat Art. 1 GG zwar die Funktion, die Notwendigkeit von Menschenrechten und der Gewährleistung von Grundrechten zu begründen. Aber die Würde des Menschen selbst wird nicht – weder empirisch oder naturwissenschaftlich, noch philosophisch, noch theologisch – begründet. Sie wird als selbstverständlich hingestellt. Jeder Begründungsversuch würde die Überzeugungskraft der Aussage schwächen. Er müsste zwangsläufig auf einzelne Umstände abheben, könnte der allgemeinen Zustimmung keineswegs gewiss sein und müsste um seine Anschlussfähigkeit fürchten. Die Würde des Menschen bleibt – in den

Worten von *Theodor Heuss* – eine in Art. 1 Abs. 1 GG zunächst „nicht interpretierte These"[2].

Zum anderen hat freilich – zweitens – Art. 1 Abs. 1 GG durchaus einen normativen, nicht etwa nur beschreibenden Charakter: Eben weil die Vorstellung von der Würde des Menschen die Selbstverständlichkeit eines historisch unverlierbaren zivilisatorischen Standards mit der nationalsozialistischen Schreckensherrschaft eingebüßt hatte, bedurfte es des erneuernden, ausdrücklichen Anerkennungsakts[3]. Art. 1 Abs. 1 GG muss mit Rücksicht auf diese normative Absicht gelesen werden: Die Würde des Menschen soll von nun an auf deutschem Boden wieder selbstverständlich als unantastbar gelten. Das ist die mit Wirkung für und gegen jedermann proklamierte Botschaft. Sie schließt es von Verfassung wegen aus, die Menschqualität, damit die Würde des Menschen für verlierbar zu erachten oder zwischen Menschen in Hinblick auf ihre Menschenqualität, damit ihre Würde, zu differenzieren.

Schließlich sollte mit dem Bekenntnis zur Würde des Menschen allerdings – drittens – nicht etwa eine völlig neuartige Generalnorm, ein Supergrundrecht in der Verfassung verankert werden. Dieses Bekenntnis resümiert vielmehr die Menschenrechtstradition und stellt die ihr zugrundeliegende zentrale Aussage der Ordnung des Grundgesetzes sinnstiftend und maßgebend voran[4]. Einen vollzugsfähigen Rechtssatz

---

2   *Th. Heuss*, 4. Sitzung des Grundsatzausschusses des Parlamentarischen Rats, in: Der Parlamentarische Rat 1948–1949, hrsg. v. Deutschen Bundestag und vom Bundesarchiv, Bd. 5/I, 1993, S. 72.

3   *C. Enders*, Die Menschenwürde in der Verfassungsordnung, Tübingen 1997, S. 392, auch S. 430 f., 432 f.

4   *Enders* (Fn. 3), S. 377, 392; ders., Das Bekenntnis zur Menschenwürde (Fn. 1), S. 246. Vgl. jetzt *J. Habermas*, Das Konzept

sollte das Bekenntnis zur Würde des Menschen dagegen nach dem Willen des Grundgesetzgebers nicht normieren.

2. Rezeption und Bedeutungswandel der Leitidee der „Würde des Menschen" unter dem Grundgesetz

2.1 Vom präambelartigen Vorspruch zum Rechtssatz

Die Interpreten des Grundgesetzes sind diesem Konzept einer präambelartigen „sozusagen philosophischen Begründung des ganzen Grundrechtsabschnitts" (*Nawiasky*)[5] nicht nur skeptisch, sondern letztlich mit Unverständnis begegnet. Sehr bald wurde dem Satz von der Menschenwürde nicht nur von der Literatur, sondern vor allem von der (Verfassungs-) Rechtsprechung, die schnell die Meinungsführerschaft auf

---

der Menschenwürde und die realistische Utopie der Menschenrechte, in: ders., Zur Verfassung Europas, Berlin 2011, S. 13–38, der (S. 15 f.) die These vertritt, dass von Anfang an „ein enger begrifflicher Zusammenhang" zwischen den Konzepten der Menschenwürde und der Menschenrechte bestanden habe und die Menschenrechte sich aus dem „normativ gehaltvollen Grundbegriff" der Menschenwürde „herleiten lassen". Ein solcher Zusammenhang ist, wie gezeigt, zu bejahen, wenn man damit ein logisch-sachliches Begründungsverhältnis, nicht ein ausdrücklich normiertes Verhältnis rechtstechnischer Ableitung meint. Das gilt erst recht für die Statuierung einzelner Menschenrechtspositionen, die sich zwar gedanklich aus der Idee der Personwürde des Menschen verstehen, aber nicht etwa sich normativ zu ihr als ihrem rechtlichen Obersatz verhalten, aus dem sie durch bestimmte methodisch angeleitete Operationen in Ansehung einzelner Gefährdungssituationen deduziert werden könnten (und müssten).

5   *Hans Nawiasky*, Die Grundgedanken des Grundgesetzes, Stuttgart/Köln 1950, S. 22, 26.

dem Gebiet der Interpretation des Grundgesetzes übernahm, positiv-rechtliche Qualität zugeschrieben: Der Würdesatz avancierte zum tragenden Konstitutionsprinzip der Gesamtrechtsordnung. Befördert wurde diese Sichtweise durch die „Ewigkeitsklausel" (Art. 79 Abs. 3 GG), die die Grundsätze des Art. 1 GG für unabänderlich erklärt.

2.2 Das Konstitutionsprinzip Menschenwürde

Die Gesamtrechtsordnung ist über das Konstitutionsprinzip Menschenwürde von der Vorstellung beherrscht, dass der Mensch als selbstbestimmtes Rechtssubjekt mit eigener Rechtssphäre zu respektieren ist: Das Bundesverfassungsgericht spricht von der „Vorstellung des Grundgesetzgebers", dass es „zum Wesen des Menschen gehört, in Freiheit sich selbst zu bestimmen und zu entfalten" und leitet daraus den „Status (des Menschen) als Rechtssubjekt ab"[6]. Aber wie kann diese „Vorstellung" in der Rechtspraxis realisiert werden? Was der (Rechts-)Subjektstellung der Menschen gemäß ist, wird von der Verfassungsrechtsprechung zum einen über die Tatbestandsinterpretation der einzelnen Grundrechtsbestimmungen entfaltet, die als dem Schutz der Menschenwürde verpflichtete Konkretisierungen[7] der Grundvorstellung vom selbstbestimmten Rechtssubjekt verstanden werden[8]. Die Menschenwürde wirkt so als Interpretationsleitlinie und -maßstab: Das Bundesverfassungsgericht hat etwa aus der Freiheit der Persönlichkeitsentfaltung (Art. 2 Abs. 1 GG) unter Bezugnahme auf Art. 1 GG das Recht auf informationelle Selbstbestimmung entwickelt – als Recht jedes Einzelnen, über

---

6 BVerfGE 115, 118 (153).
7 Vgl. BVerfGE 35, 202 (235); 50, 290 (338).
8 Vgl. BVerfGE 93, 266 (293); 107, 275 (284).

seine persönlichen Daten zu verfügen (Datenschutz)[9] und vom selben Grundgedanken her das Recht auf „Gewährleistung der Verantwortlichkeit und Integrität informationstechnischer Systeme", gerichtet gegen die Online-Durchsuchung von Computern[10]. Auch dass bereits der Embryo – jedenfalls ab Nidation – „Jeder" im Sinne des Grundrechts aus Art. 2 Abs. 2 S. 1 GG ist, also einen Grundrechtsanspruch auf Leben hat, hat das Bundesverfassungsgericht aus Art. 1 GG abgeleitet[11]. Denn er entwickelt sich, das soll rechtlich die unteilbare Menschenwürde verbürgen, als Mensch – und nicht zum Menschen („Kontinuitätsthese")[12].

Der Würdesatz wirkt – als Konstitutionsprinzip – darüber hinaus vor allem als *absolute Schranke staatlicher Eingriffe* in grundrechtlich geschützte Freiheit: Nach der Rechtsprechung des Bundesverfassungsgerichts ist etwa die Persönlichkeitssphäre staatlicher Einfluss- und Kenntnisnahme nicht gänzlich entzogen, wohl aber ein letzter Bereich der Privatheit, zu dem der Staat aus Respekt vor der Würde des Menschen keinerlei Zugang hat. Dem staatlichen Belauschen oder Beobachten, der Kenntnisnahme von privaten Daten sind mit Rücksicht auf die Würde des Menschen Grenzen gezogen[13]. Ähnlich ist das Recht auf Leben und körperliche

---

9 BVerfGE 65, 1 – Volkszählung.
10 BVerfGE 123, 274.
11 BVerfGE 39, 1 (41); 88, 203 (251 f.) Schwangerschaftsabbruch I und II.
12 Vgl. jetzt auch Urteil des EuGH (Große Kammer) vom 18.10.2011, RS C-34/10 – Brüstle./.Greenpeace e. V. zur Auslegung der RL 98/44/EG des Europäischen Parlaments und des Rates v. 06.07.1998 (Bio-Patent-RL), AbsNr. 34 f.
13 Zentral zum absolut unantastbaren Bereich privater Persönlichkeitsentfaltung BVerfGE 6, 32 (41). Ferner etwa 80, 367 (373) – Strafprozessuale Verwertung von Tagebüchern.

Unversehrtheit (Art. 2 Abs. 2 S. 1 GG) nur unter Vorbehalt, damit relativ gewährleistet. Es sind aber Situationen denkbar, in denen der Entzug des Lebens die (Rechts-) Subjektstellung des Menschen grundsätzlich in Frage stellt und nicht gerechtfertigt werden kann, wie dies das Bundesverfassungsgericht für die Situation des gezielten präventiven Abschusses von Passagierflugzeugen angenommen hat, die zu terroristischen Zwecken entführt wurden[14]. Entsprechendes gilt im Grundsatz für die Freiheit der Person, wie die Entscheidung zur lebenslänglichen Freiheitsstrafe gezeigt hat (Art. 2 Abs. 2 S. 2 GG)[15]. Auch hier hat das Bundesverfassungsgericht absolute Grenzen staatlicher Herrschaftsgewalt nicht zuletzt mit Blick auf die Menschenwürde ausgelotet.

Wie aber ist im Einzelfall die für den Staat unüberschreitbare Schwelle der Würdeverletzung rechtlich exakt zu bestimmen? *Günter Dürig* hat die – der Subjektqualität des Menschen korrespondierende – *Objektformel* populär gemacht, die aus der Rechtssubjektstellung des Menschen einen Verbotssatz ableitet: Danach ist die Würde des Menschen dann verletzt, wenn der Einzelne vom Staat als „bloßes Objekt", also nicht mehr seiner Rechtssubjektstellung gemäß behandelt, sondern wie es heute meist heißt, „instrumentalisiert" wird[16]. Das Bundesverfassungsgericht hat diese Formel mittlerweile[17] dahingehend präzisiert, dass eine Würdeverletzung dann anzunehmen ist, wenn der „Status (des Einzelnen) als Rechtssubjekt grundsätzlich in Frage gestellt",

---

14 BVerfGE 115, 118.
15 BVerfGE 45, 187.
16 *G. Dürig*, Der Grundrechtssatz von der Menschenwürde, AöR 81 (1956), S. 117–157 (119, 122); ders., in: Maunz/Dürig, Grundgesetz, München 1958 ff., Art. 1 Abs. I, Rn. 28 (1958).
17 In seiner Entscheidung zum Flugzeugabschuss, BVerfGE 115, 118.

wenn er „entrechtlicht" wird[18]. Der mit dem Bekenntnis zur Würde des Menschen anerkannte Status des Einzelnen als Rechtssubjekt ist also missachtet, wenn die Entsprechung von Rechten und Pflichten, die jedes Rechtsverhältnis zwischen Personen ausmacht, auf eine reine, nicht durch Gegenrechte begrenzte Pflichtenstellung einer Seite reduziert wird. Denn der so Verpflichtete ist dann Gegenstand einer – aus seiner Perspektive: heteronomen – rechtlich unbegrenzten Verfügung über seine Interessen (Paradebeispiel: Sklaverei)[19].

---

18 BVerfGE 115, 118 (153, 154).
19 Durch die Übersetzung der „Objektformel" in die Forderung nach einem Rechtsverhältnis wechselseitig sich entsprechender, gegenseitiger Rechte und Pflichten, die gerade auch im Staat-Bürger-Verhältnis gewahrt bleiben muss, erhält man einen subsumtionsfähigen Obersatz. Aus diesem lassen sich gewisse, dem Menschen aufgrund seiner Würde und damit seiner Rechtssubjektivität geschuldete Mindeststandards des Respekts als Rechtfertigungsanforderungen erschließen; vgl. bereits BVerwGE 1, 159. Diese Anforderungen folgen freilich bei näherem Hinsehen rechtlich nicht allein und unmittelbar schon aus Art. 1 Abs. 1 Satz 1 GG, sondern aus dem Zusammenhang der Grundsätze, die Art. 1 GG in drei Absätzen entfaltet, vor allem aus Art. 1 Abs. 3 GG, Enders (Fn. 3), S. 433, 440, 441; ders., Sozialstaatlichkeit im Spannungsfeld von Eigenverantwortung und Fürsorge, VVDStRL 64 (2005), S. 7–52 (46 f.); anders *C. Möllers*, Democracy and Human Dignity: Limits of a moralized Conception of Rights in German Constitutional Law, Israel Law Review Vol. 42 (2009), p. 416–439 (435). Foltermaßnahmen etwa wahren die gebotene Wechselseitigkeit nicht: Die „Entrechtung" des Menschen liegt hier darin, dass mit der Folter ihrem ganzen Sinn und Zweck nach über den äußeren Zwang hinaus letzte innere Reserven des Folteropfers zunichte gemacht werden sollen, das vorbehaltlos dem Zweck der Foltermaßnahme unterworfen und auf eine rein einseitige Pflichtenstellung reduziert erscheint.

2.3 Ein Grundrecht auf Menschenwürde

Literatur und Rechtsprechung haben sich indessen nicht auf die Annahme eines normativen Konstitutionsprinzips „Menschenwürde" beschränkt. Darüber hinaus soll aus dem Menschenwürdesatz – um die Würde des Menschen als Rechtssatz zu operationalisieren – unmittelbar ein echtes Grundrecht „auf" Menschenwürde folgen, man spricht demgemäß von der Menschenwürdegarantie[20]. In der Rechtsprechung blieb diese Forderung der Literatur lange in der Schwebe: In den typischen Eingriffsfällen reicht es völlig aus, die Würde des

---

Auf diesem Hintergrund lassen sich aber auch grundsätzliche Einwände gegen heimliche und gegen verdachtlose staatliche Eingriffe formulieren, weil der Staat hier in unterschiedlicher Art und Weise das Gegenrecht des Betroffenen, seinen Anspruch auf Rechtfertigung der Eingriffsmaßnahme, (stillschweigend) unterläuft oder (ausdrücklich) negiert und so das Verhältnis wechselseitiger Rechte und Pflichten zu einem einseitigen Pflichtenverhältnis deformiert und degradiert; vgl. BVerfGE 125, 260 (330) – Vorratsdatenspeicherung; auch MVVerfG LKV 2000, S. 149 (insbes. 153) – Schleierfahndung. Überhaupt hat das Bundesverfassungsgericht die wechselseitige Entsprechung gegenseitiger Rechte und Pflichten zum Prinzip einer modernen, an Freiheit und Gleichheit des Individuums orientierten, also: rechtsstaatlichen Ordnung erklärt: „Eine Verfassung, welche die Würde des Menschen in den Mittelpunkt ihres Wertsystems stellt, kann bei der Ordnung zwischenmenschlicher Beziehungen grundsätzlich niemandem Rechte an der Person eines anderen einräumen, die nicht zugleich pflichtgebunden sind", BVerfGE 24, 119 (144).

20 So die wohl h. A. im rechtswissenschaftlichen Schrifttum, vgl. *W. Höfling*, in: Sachs (Hrsg.), Grundgesetz – Kommentar, 6. Aufl., München 2011, Art. 1, Rn. 5 f. und z. B. Kreß (Fn. 1), S. 118, 153.

Menschen als Konstitutionsprinzip zu verstehen und dieses als (absolute) objektiv-rechtliche Schranke von Eingriffen in die Freiheits- und Rechtssphäre zu aktivieren.

In der Lissabon-Entscheidung des Bundesverfassungsgerichts (30.06.2009)[21], vor allem aber in seiner Entscheidung zum Existenzminimum (v. 09.02.2010)[22] tritt indessen der subjektiv-rechtliche Garantiecharakter des Würdesatzes deutlicher in den Vordergrund. Das ist kein Zufall: hier geht es nicht um Eingriffsabwehr, sondern um *Teilhabe des Einzelnen*, um sein Recht auf demokratische Teilhabe an politischen Entscheidungen und um sein Recht auf Teilhabe an den im Gemeinwesen vorhandenen materiellen Grundlagen menschlicher Existenz, ohne die alle Freiheitsgewährleistung für den einzelnen ein wohlfeiles Versprechen bleibt. Über den Würdesatz sollen also jedem Einzelnen unabdingbare, verfassungsänderungsfeste Partizipationschancen eröffnet werden und diese „Ermöglichungsfunktion" läuft auf ein subjektives Recht, einen Anspruch zu.

3. Die Risiken einer Verrechtlichung der Leitidee von der Würde des Menschen

3.1 Unschärfen der Verrechtlichung

Die Leitidee der Würde des Menschen rückt die Rechtssubjektstellung des Einzelnen in ein helles Licht – aber die unmittelbare Verrechtlichung dieser Leitidee bis hin zu einem Grundrecht auf Menschenwürde hat Schattenseiten[23]:

---

21 BVerfGE 123, 267. Noch weitergehend *D. Murswiek*, in: M. Wittinger u.a. (Hrsg.), Verfassung – Völkerrecht – Kulturgüterschutz, FS Fiedler, Berlin 2011, S. 253–278.
22 BVerfGE 125, 175.
23 Das sieht auch *Kreß* (Fn. 1), S. 119 ff.

Zum einen weist der Begriff zwar auf die Subjektstellung des Menschen als Person hin, auf die Befähigung zur Selbstbestimmung und das Recht auf Selbstbestimmung, die dem Menschen demgemäß zukommen. Aber genauere Auskunft gibt der Begriff der Würde des Menschen nicht. Er bleibt als „nicht interpretierte These" im Verfassungstext bewusst unerläutert[24]. Er sagt also nichts darüber, was in der Sache die Würde des Menschen ausmacht, wann sie beginnt, wann sie endet und wie sie rechtlich zu fassen wäre.

Die begrenzte Tragfähigkeit der Argumentation mit der Menschenwürde erweist sich zum einen am *Tatbestand der einzelnen Grundrechtsnormen*. Sie dienen allerdings dem Schutz der Würde des Menschen, ihr Normtext mag darum im Lichte dieses Schutzzwecks Bedeutungsvarianten preisgeben, die auf den ersten Blick nicht offen zu Tage liegen – eine Inspirationsquelle der Grundrechtsinterpretation, die sich das Bundesverfassungsgericht in seiner Rechtsprechung zum allgemeinen Persönlichkeitsrecht in all seinen Spielarten zu Nutze gemacht hat[25]. Aber die Rückfrage an den Schutzzweck wird, weil dieser im Verweis auf den Eigenwert des Menschen als Subjekt seinerseits nur eine thesenhafte Bezeichnung findet, nicht sämtliche Regelungslücken zum Verschwinden bringen. Um dies am *Problem des Embryonenschutzes* zu exemplifizieren: Die Kontinuitätsthese, nach der sich bereits der Embryo als Mensch und nicht zum Menschen entwickelt[26] und er darum Träger des Grundrechts auf Leben und körperliche Unversehrtheit (Art. 2 Abs. 2 Satz 1 GG: „Jeder") ist, hat im Grundgesetz keinen textlichen Anhaltspunkt. Sie ignoriert

---

24 Oben bei und in Fn. 2.
25 Vgl. zum allgemeinen Persönlichkeitsrecht BVerfGE 54, 148 (153); 120, 274 (303).
26 BVerfGE 88, 203 (252).

vor allem, dass das Recht sich an natürlich-biologischen Abläufen traditionsgemäß nur bedingt orientiert, wenn es z.B. die „beschränkte Geschäftsfähigkeit" Minderjähriger auf die Vollendung des siebten Lebensjahres legt (§ 104 BGB), den Eintritt der Volljährigkeit mit Vollendung des 18. Lebensjahres annimmt (§ 2 BGB) und mit dieser auch das aktive und passive Wahlrecht verknüpft (§§ 12, 15 BWG), während demgegenüber zum Bundespräsidenten nur gewählt werden kann, wer das 40. Lebensjahr vollendet hat (Art. 54 Abs. 1 GG). Mit wirklich sicht- und spürbaren Brüchen im natürlich-biologischen Ablauf der individuellen Entwicklung eines Menschen haben diese rechtlichen Differenzierungen nichts zu tun. Fragt man, um hier Klarheit zu gewinnen, nach der Tradition der Menschenrechte, die ja im Bekenntnis zur Würde des Menschen gebündelt wird[27], so sind diese Rechte nach einer viel gebrauchten Formel „mit dem Menschen geboren" oder „angeboren" („native rights")[28], gehen diesem über das Sein oder Nichtsein menschlicher Existenz entscheidenden Vorgang der Geburt also nicht voraus. Denn sie haben als Rechtsträger das zu freier Entscheidung befähigte, autonome Subjekt einer moralisch-praktischen Vernunft im Blick, dessen Entfaltung zwar unter der Voraussetzung des Geborenseins, nicht aber unter der rein fremdbestimmten Bedingung der (künftigen) Geburt stehen kann. Der Rekurs auf die mit der Subjektstellung verbundene Würde des Menschen hilft über diesen Umstand nicht hinweg. Wäre der Embryo demgemäß kein Grundrechtsträger, wäre auch Embryonenschutz jedenfalls kein Grundrechtsproblem und insbesondere demokratischer Entscheidung nicht vollständig entzogen.

---

27 Oben Fn. 4.
28 Vgl. *G. Jellinek*, Die Geschichte der Menschen- und Bürgerrechte (1895), 3. Aufl., München/Leipzig 1919, S. 45.

Auch die immer wieder propagierte Ableitung von *Schranken staatlicher Freiheitseingriffe* aus der Würde des Menschen[29] leidet am Verweisungscharakter des Würdebegriffs, dessen grundsätzlich gedachte Rechtsbegründungsfunktion es ausschließt, aus ihm die eindeutige rechtliche Entscheidung jedes Einzelfalls zu gewinnen. Allerdings soll mit der Bezugnahme auf die Würde – in einer Wendung, die zum festen Argumentationsvorrat des Bundesverfassungsgerichts gehört – ein „letzter unantastbarer Bereich menschlicher Freiheit" bezeichnet und rechtlich verbindlich markiert sein, der der Einwirkung der gesamten öffentlichen Gewalt entzogen ist[30]. Aber kann wirklich das Recht einen letzten absolut unantastbaren Bereich der Privatheit ohne wenn und aber garantieren? Diese These ist bei näherem Hinsehen schon längst relativiert. Alles sozialrelevante Verhalten[31] darf, wo die Gefahr einer Schädigung von Drittinteressen oder des Gemeinwohls besteht, grundsätzlich vom Staat ohne Einwilligung des Betroffenen zur Kenntnis genommen und zum Gegenstand staatlicher Maßnahmen gemacht werden, auch wenn es sich im übrigen in einem privaten Kontext abspielt. Vor allem darf ein begründeter Verdacht erhärtet werden und sind durch diesen Zweck auch Informationseingriffe gerechtfertigt[32]. Der Schutz der Persönlichkeitsentfaltung und ihrer Privatheit durch das Konstitutionsprinzip Menschenwürde reduziert sich so auf das rechtsstaatlich selbstverständliche Verbot von Eingriffsmaßnahmen, die sich – vor allem weil es an einer hinreichend wahrscheinlichen oder bereits

---

29 Beispiele: BVerfGE 6, 32 (41); 45, 187 (223); 115, 118 (152).
30 BVerfGE 6, 32 (41) – Elfes; vgl. etwa noch BVerfGE 109, 279 (313) – Lauschangriff.
31 BVerfGE 80, 367 – Tagebuch; vgl. bereits BVerfGE 35, 202 (220).
32 BVerfGE 120, 274 (338 f.); 124, 43 (69 f.).

eingetretenen Schadenssituation fehlt – nicht mit dem Zweck der Schadensvermeidung oder -minimierung rechtfertigen lassen und die insofern im Rechtssinne als objektiv unnötig erscheinen.

Schließlich überzeugt es auch im *Bereich demokratischer Organisation und staatlicher (Sozial-)Leistungen* nicht, wenn die Besinnung auf die Würde des Menschen in vollziehbare Rechtssätze und namentlich Individualansprüche münden soll. Ein Anspruch auf demokratische Entscheidung[33] krankt ebenso wie ein Anspruch auf Gewährleistung des menschenwürdigen Existenzminimums[34], versteht man sie als Anspruch „auf" Menschenwürde, daran, dass ein absoluter Anspruch auf zwangsläufig relative – von Entscheidungsverfahren und -programmen, teils auch von den tatsächlichen Umständen und deren Einschätzung abhängige – Teilhabe mit inneren Widersprüchen behaftet sein muss. Aus gutem Grund haben deshalb die Mütter und Väter des Grundgesetzes keine selbständigen, justitiablen Grundrechtsansprüche des Einzelnen auf demokratische Entscheidung politischer Fragen oder auf gerechte Zuteilung materieller Freiheitsvoraussetzungen vorgesehen. Stattdessen haben sie auf der Ebene der Verfassung mit dem Demokratieprinzip die Basis und die Rahmenbedingungen allgemeinverbindlichen Entscheidens überhaupt (Art. 20 Abs. 1, Abs. 2 GG), mit dem Sozialstaatsprinzip die soziale Gerechtigkeit als ein spezifisches Ziel dieses Entscheidens benannt, das insoweit in erster Linie der Verantwortung des Gesetzgebers anvertraut ist.

---

33 BVerfGE 123, 267.
34 BVerfGE 125, 175. Kritisch auch *Ladeur*, Die Beobachtung der kollektiven Dimension der Grundrechte durch eine liberale Grundrechtstheorie, Der Staat 50 (2011), S. 493–531 (521 ff.).

3.2 Von der Leitidee zur Grundnorm guter Ordnung

Die Beispiele zeigen: Der Begriff der Würde des Menschen birgt infolge seiner Verweisungsfunktion in sich nicht die lediglich durch Auslegung zu gewinnende Antwort auf sämtliche Grundsatzfragen einer modernen Sozialordnung. Bedenken gegen eine Rechtsnorm Menschenwürde ergeben sich aber jenseits dieses Einwands vor allem daraus, dass die Würde des Menschen in Konsequenz der geschilderten normativen Anreicherung dieser Präambel zum Grundrechtsabschnitt heute als umfassende *Grundnorm guter Ordnung des Gemeinwesens* fungiert. Sie bezeichnet in dieser Übersteigerung einen dauerhaft feststehenden, auch international nicht verfügbaren „ordre public", der die Grenze zwischen gut und böse, Freund und Feind zieht und nicht zuletzt den Bürgern bestimmte „selbstverständliche" Wohlverhaltenspflichten auferlegt, deren Befolgung im Namen guter Ordnung eingefordert wird. Im Einzelfall der Missachtung scheint wegen des Fundamentalcharakters der Würdenorm immer auch das Ganze auf dem Spiel zu stehen. Die positiv-rechtlichen Regelungen, auf deren Grundlage die Streitfragen eigentlich zu entscheiden wären, treten als zu vernachlässigende Größe in den Hintergrund[35]. Und weil es mit der Menschenwürde aus Anlass des Einzelfalls über diesen hinaus stets um die Bejahung oder Verneinung der guten Ordnung als solcher geht, steht die staatliche Schutzverpflichtung zugunsten der Würde auch nicht zur Disposition des Subjekts. Dem selbstbestimmten

---

35 Etwa BVerwG NVwZ 2009, S. 727; vgl. *C. Enders*, „Die Würde des Menschen ist unantastbar" – Die Leitidee des Grundgesetzes und ihr europäisches Schicksal, in: Masing/Wieland (Hrsg.), Menschenwürde – Demokratie – Christliche Gerechtigkeit, Berlin 2011, S. 9–22 (15 f.).

Verzicht auf die Wahrung des eigenen Respektsanspruchs bleibt die Rechtswirkung versagt, wenn die Würde auf dem Spiel steht[36]. Mit anderen Worten: Festlegungen und Grenzziehungen des positiven Rechts verflüssigen sich unter der moralisierenden Ausstrahlungswirkung der Würdenorm. Moral und Religion, die doch der Rechtsstaat zur Privatsache deklariert hat und die ihre Gebote nach aufgeklärtem Verständnis überhaupt nur an diejenigen richten, die sie innerlich bejahen[37], kehren in Gestalt der Menschenwürde als verfassungsrechtlich verankerte, allgemeinverbindliche Zivilreligion (*Isensee*)[38] auf die öffentliche Bühne zurück und majorisieren die Politik. Denn im Normbereich der Menschenwürde kann es keine Mehrheitsentscheidungen geben.

3.3 *Widersprüche zum europäischen Würdekonzept und ihre Auflösung*

Dieses Würdekonzept steht im Widerspruch zum Status der Menschenwürde im Europäischen Recht. Auf europäischer Ebene (EU; EMRK) fungiert die Menschenwürde nicht als unabänderliche Grundnorm guter Ordnung, vielmehr als Verweisungsbegriff, der an die grundsätzliche Berechtigung sozial-ethisch begründeter, dabei aber wandelbarer, auch: auszuhandelnder Verhaltensregeln erinnert, die im Bereich

---

36 Bekanntes Beispiel: die Peep-Show-Entscheidung, BVerwGE 64, 274.
37 *V. Gerhardt*, Eine kritische Philosophie des Lebens, in: B. Recki u.a. (Hrsg.), Kant lebt, Paderborn 2006, S. 57–78 (70).
38 J. *Isensee*, Menschenwürde: die säkulare Gesellschaft auf der Suche nach dem Absoluten, AöR 131 (2006), S. 173–(179); vgl. auch (kritisch) *Schmoeckel* (Fn. 1), S. 423.

der Moral und der guten Sitten beheimatet sind³⁹. Für die deutsche Rechtsauffassung, wie sie sich seit 1949 entwickelt hat, kann dieser Dissens nicht gleichgültig sein: Die Bundesrepublik kann sich nur in ein Herrschaftssystem integrieren, das der Würde als Grundnorm guter Ordnung Referenz erweist und das ihrem „ordre public" entspricht (vgl. Art. 23 Abs. 1 Satz 1 GG).

Blickt man von hier aus in die Zukunft, sind *zwei Entwicklungsszenarien* denkbar: Der absolute Direktivanspruch der Würdenorm, wie er für das deutsche Rechts- und Gesellschaftssystem kennzeichnend geworden ist, relativiert sich in

---

39 Im Urteil des EuGH (Große Kammer) vom 18.10.2011, RS C-34/10 – Brüstle/ Greenpeace e. V. zur Auslegung der RL 98/44/ EG des Europäischen Parlaments und des Rates v. 6.7.1998 (Bio-Patent-RL) greift das Gericht zur Auslegung des Begriffs „menschliche Embryonen" zwar insbes. auf den 16. Erwägungsgrund der Richtlinie zurück, nach dem das Patentrecht „unter Wahrung der Grundprinzipien ausgeübt werden (muss), die die Würde und die Unversehrtheit des Menschen gewährleisten…", AbsNr. 32. Zum einen reiht aber die Richtlinie selbst die Würde des Menschen offenkundig unter die ethischen und moralischen Grundsätze der öffentlichen Ordnung und der guten Sitten ein, vgl. 37.–39. Erwägungsgrund sowie Art. 6 Abs. 1, Abs. 2. Zum anderen bleibt die Auslegung des EuGH richtlinienimmanent und nimmt in keiner Weise auf Art. 1 EuGRCh Bezug, der die Würde des Menschen auf der Ebene des EU-Primärrechts (vgl. Art. 6 Abs. 1 EUV) anerkennt, um etwa die rechtliche Bedeutung und den zeitlichen Beginn des Würdeschutzes zu klären; vgl. dazu *Darnstädt/Hipp*, Stürmische Dankbarkeit, Der Spiegel 43/2011, S. 64. Zum Problem auch *F. Ekardt/D. Kornack*, „Europäische" und „deutsche" Menschenwürde und die europäische Methodik der Grundrechtsinterpretation. ZEuS 2010, S. 111–144; sowie *M. Schwarz*, Die Menschenwürde als Ende der europäischen Wertegemeinschaft?, Der Staat 50 (2011), S. 533–566.

der Sache, nach und nach und ohne förmliche Änderung unter dem Einfluss abweichender europäischer Standards – allerdings mit negativen Folgewirkungen für die Glaubwürdigkeit des Grundgesetzes und seines Bekenntnisses zur Würde des Menschen, für die Autorität des Bundesverfassungsgerichts und nicht zuletzt den Prozess der europäischen Integration[40]. Oder es kommt zu einem Akt der Verfassungsneugebung, mit dem langfristig der strikte nationale Souveränitätsvorbehalt beseitigt und der Weg zu einer bundesstaatlichen Struktur Europas geebnet werden soll (Art. 146 GG). Dieser Akt wäre nicht an die bisherige Verfassung, auch nicht an den Satz von der Menschenwürde (Art. 1 Abs. 1 Satz 1 GG) gebunden[41]. Er müsste sich also mit der Frage explizit auseinandersetzen, ob uns die Würde des Menschen heute etwas bedeutet und was sie uns bedeutet.

Viel spricht dafür, dass auch dann die konzeptionelle Perspektive einer „nicht interpretierten These" ohne Chance sein wird, die mit der Würde des Menschen lediglich anzeigt und ausdrücklich anerkennt, was der Idee der Menschen- und Grundrechte als denklogische Voraussetzung seit jeher immanent ist. Man wird schon mit Blick auf den europäischen Rechtszustand weitergehende Klarheit schaffen wollen und dazu in die Details gehen, um möglichst alles, was bedeutsam erscheint, in die Verfassung hineinzuschreiben. Die Würde des Menschen ruht dann nicht mehr in sich[42]. Diejenigen Verhaltensregeln und Rechtsansprüche, die nach vorherrschender Auffassung die materiale Grundordnung des nationalen Gemeinwesens prägen, werden ausbuchstabiert werden und

---

40 Näher *Enders* (Fn. 35), S. 19.
41 *H. Dreier*, Gilt das Grundgesetz ewig? Fünf Kapitel zum modernen Verfassungsstaat, München 2009, S. 94, 95 ff.
42 So aber *Heuss* (Fn. 2), S. 72 zur ursprünglichen Leitidee.

im Zeichen der Würde die nationale Eigentümlichkeit nach innen und außen geltend machen. Auch dies reduziert freilich die Direktivkraft der Würde des Menschen auf zufällige und partikulare Aspekte des national konsensfähigen ethischen Minimums, relativiert und entwertet sie dadurch auf Dauer. Die Leitidee hat ihre Leitfunktion verloren.

Ina Schaede

Würde und religiöse Bildung im Modus des Bildens und Gebildetwerdens

1. Hinführung: Menschenwürde und religiöse Bildung – eine paradoxale Aufgabe

Menschenwürde und *religiöse Bildung* in Beziehung zu setzen ist eine paradoxale Aufgabe: Ein säkulares Verfassungsprinzip soll zur Bildungsaufgabe gemacht und gerade auch in seiner säkularen Geltung bestärkt werden. Zugleich soll dieses Prinzip in religiösem Kontext in Beziehung gesetzt und damit im Blick auf das Christentum als spezielles Religionsphänomen auch als Moment christlicher Wahrheitserfahrung notiert werden. Kann Menschenwürde in der Spannung zwischen säkularem Prinzip und religiös affiner Bestimmung zur Bildungsaufgabe werden?

Nicht zu vergessen ist, dass dieses Spannungsverhältnis in der Ideengeschichte der Menschenwürde nicht neu ist. Obwohl die Menschenwürde lange vor ihrer rechtlichen Festschreibung von altkirchlichen Autoren im Kontext der biblisch-christlichen Tradition begründet wurde,[1] gab es im historischen Verlauf immer wieder insbesondere von

---

[1] So von Cyprian, Ambrosius oder Gregor dem Großen. Vgl. dazu die ideengeschichtliche Darstellung in theologischer Perspektive bei Schaede, Stephan, Würde – eine ideengeschichtliche Annäherung aus theologischer Perspektive, in: Bahr, Petra, Heinig, Hans Michael (Hgg.), Menschenwürde in der säkularen Verfassungsordnung. Rechtswissenschaftliche und theologische Perspektiven, Tübingen 2006, 7–69, hier 30–31.

kirchlicher Seite Widerstände gegen die Idee der Menschen- und Freiheitsrechte. Mit dieser Idee war jedoch die Menschenwürde, so wie sie im Rechtskontext gängig begriffen wird, verknüpft. Die katholische und evangelische Kirche hegten deshalb lange Zeit bestehende und bis in die Gegenwart reichende Vorbehalte gegenüber der Menschenwürde und den Menschenrechten. Im Jahr 1791 verwarf Papst Pius VI in Reaktion auf die französische Nationalversammlung die Idee einer angeborenen Freiheit des Menschen, und Papst Pius IX verurteilte Mitte des 19. Jahrhunderts die Menschenrechte als „absurde Prinzipien".[2] Im weiteren historischen Verlauf haben die beiden großen christlichen Kirchen ihre Vorbehalte aufgegeben und sich zu Vorkämpfern für die Wahrung der Menschenwürde entwickelt. Man kann sagen: Das säkularreligiöse Spannungsverhältnis, in dem der Würdetopos zu stehen kommt, modifiziert sich historisch, so wie auch die Bedeutung der Würde immer wieder variiert.[3]

Die Frage, ob dieses Spannungsverhältnis jenseits begrifflicher Aporien konstruktiv bearbeitet werden könne, lässt sich aus theologischer Perspektive mit einem klaren *Ja* beantworten, sobald im Kontext der „ganzen" Theologie von Würde die Rede ist. Auf diese Weise operiert Eberhard Jüngel. Denn er sieht mit Hilfe der Rechtfertigungslehre als hermeneutischer Kategorie die ganze Theologie in die Dimension eines Rechtsstreites gebracht: „nämlich des Rechtsstreites Gottes um seine Ehre, der als solcher zugleich ein Rechtsstreit um die Würde des Menschen ist."[4] Die Menschenwürde als strit-

---

2 Koenig, Matthias, Menschenrechte, Frankfurt a.M. (u.a.) 2005, 36.
3 Zur Varianz in der Bedeutung der Würde ausgehend von einer begriffsgeschichtlichen Untersuchung: Schaede a.a.O., 20–28.
4 Jüngel, Eberhard, Das Evangelium von der Rechtfertigung des Gottlosen als Zentrum des christlichen Glaubens. Eine

tiges Phänomen korrespondiert also der Strittigkeit der Ehre Gottes. Aus der Binnenperspektive des christlichen Glaubens evangelischer Bezeugung rekonstruiert die Rechtfertigungslehre diese Würde-Ehre-Konstellation so, dass die strittigen Phänomene allein von Gott selbst zu retten seien und allein in Jesus Christus gerettet werden können.

Ist es denn – aus einer Außenperspektive geurteilt – sachgerecht, den weltlich verstandenen Würdebegriff des Grundgesetzes theologisch in Anspruch zu nehmen? Der Vorwurf einer missionarischen Fehlstellung, Bestimmungen zu „vereinnahmen", statt eigene Konzeptionen zu ihnen in ein einsichtsfähiges Verhältnis zu setzen, scheint da nicht fern zu sein. Ist Menschenwürde, wenn sie als Verfassungsprinzip begriffen wird, eine Fundamentalnorm, die in ihrem normativen Sinne insbesondere von religiösen Begründungsversuchen frei bleiben muss, da nicht alle Bürgerinnen und Bürger diese Grundlage teilen?

Die formale und inhaltliche Bedeutung der Menschenwürde in der säkularen Verfassungsordnung ist in einem bidisziplinären Streitgespräch zwischen der Systematischen Theologie und der Rechtswissenschaft zur Menschenwürde an der Forschungsstätte der Evangelischen Studiengemeinschaft in Heidelberg untersucht und in einem Aufsatzband im Anschluss an eine Tagung dokumentiert worden.[5] Die Beiträ-

---

theologische Studie in ökumenischer Absicht, Tübingen 1998, 40–41.

5 Vgl. Bahr, Petra, Heinig Hans Michael, Menschenwürde in der säkularen Verfassungsordnung, Tübingen 2006, 1–6 (Einleitung). Wegweisend ist an dieser Stelle auch die Untersuchung von Wolfgang Vögele, der die „religiösen Voraussetzungen" der säkularen Menschenwürde im Gespräch zwischen Theologie und Recht erörtert, in: Vögele, Wolfgang, Menschenwürde zwischen Recht und Theologie. Begründungen von Menschenrechten

ge des genannten Bandes überprüfen anhand von konkreten Problemlagen wie der der Folter oder des Lebensschutzes die Leistungsfähigkeit des Topos Menschenwürde und versuchen aufzudecken, ob und inwieweit Menschenwürde über das Recht hinaus weist und tief in der Idee der Menschenwürde eine religiöse Spur eingezeichnet ist.

Es mag zwar nicht überraschen, dass hier die Problemlage der religiösen Bildung fehlt. Der Bildungsauftrag von Staat und Kirche in theologischer bzw. rechtlicher Perspektive wird darin nicht in den Blick genommen. Das ist ja auch ein heikles Thema, weil der Staat sich nach Möglichkeit aus Richtungsentscheidungen von religiösen Bildungsaufträgen heraus halten soll. Zu fragen wäre aber dennoch, wie der Staat dies- und jenseits von Religion für eine entsprechende mit dem Würdetopos verknüpfte Entwicklung von Lebensgestaltungsprinzipien seiner Bürgerinnen und Bürger durch die Bereitstellung bestimmter Rahmenbedingungen Sorge tragen kann.

Ohne die religionspolitischen Hintergründe weiter eruieren zu müssen, ist demnach festzustellen, dass der Religionsunterricht ohne Zweifel ein Instrument ist, den Würdetopos mit Schülerinnen und Schülern zu reflektieren. Dies ist nicht ausschließlich als ethische Ertüchtigungsübung gedacht. Ein Reflexionsort auf Würde, die für entsprechende Lebensherausforderungen sensibilisiert, kann und muss der Religionsunterricht aber sein.

Vor dem Hintergrund, dass in der Öffentlichkeit die Menschenwürde bisweilen geradezu leichthändig bei jedweder gesellschaftlicher Benachteiligung im Munde geführt wird, erstaunt es allerdings in hohem Maße, dass sie in den

---

in der Perspektive öffentlicher Theologie, Gütersloh 2000, bes. 426–434.

Lehr- und Lernmitteln nicht hinreichend thematisiert wird. Und selbst wenn sie vereinzelt auftaucht, doch nicht immer sachgerecht und systematisch entfaltet wird. Dies soll in der nun folgenden Skizze einer Schulbuchanalyse vor Augen geführt werden.

Zunächst ist festzustellen: *Die religionsdidaktische Reflexion steht nahezu noch völlig aus.*[6] Ein enges Beziehungsgeflecht – wie es etwa zwischen Menschenwürde und medizinethischen Konfliktfällen besteht – ist zwischen Würde und religiöser Bildung insbesondere auf der didaktischen Ebene nicht vorhanden. Sicherlich werden in Schulbüchern die besagten medizinethischen Konfliktfälle thematisiert. Es wird jedoch nicht theologisch und didaktisch reflektiert, um welches Begründungsmodell von Würde es sich jeweils handelt oder welches Bildungsverständnis jeweils zu Grunde liegt. Das Problem beginnt damit, dass an den interdisziplinären Würdediskursen zwar Rechtswissenschaftler, Systematische Theologen, Philosophen oder Mediziner partizipieren. An Religionspädagogen, Erziehungs- und Bildungswissenschaftler wird hierbei jedoch nicht gedacht.

Auch in der s.g. Angewandten Ethik spielen Bildungsfragen verglichen mit Problemen der Bio- und Medizinethik so gut wie keine Rollen. *So fehlen im Würdediskurs die Bildungsfragen, wie auch umgekehrt im Bildungsdiskurs*

---

6 Eine Ausnahme bildet Friedrich Schweitzers jüngst erschienene Monographie: ders., Menschenwürde und evangelische Bildung, Zürich 2011. Zu verweisen ist auch auf den EKD Text 109, in dem Menschenwürde als Themenbereich theologisch und didaktisch reflektiert wird: Kirchenamt der EKD (Hg.), Kerncurriculum für das Fach Evangelische Religionslehre in der gymnasialen Oberstufe. Themen und Inhalte für die Entwicklung von Kompetenzen religiöser Bildung (EKD-Text 109), Hannover 2010, bes. 53–55.

Menschenwürde nur unzureichend thematisiert wird. Da didaktisches Reflexionsmaterial zur Würdethematik – auch jenseits konkreter Problemfelder der angewandten Ethik – fehlt, sind Lehrerinnen und Lehrer bei diesem wichtigen Thema im Grunde allein gelassen.

Zweitens ist festzuhalten: Bis heute gibt es keine nennenswerten Titel, in denen der Würde- und der Bildungsbegriff, zumal der religiöse Bildungsbegriff aufeinander bezogen wären. Die Schulbuchanalyse will diese Problemlage in einem ersten Schritt verdeutlichen. Sind die Schulbücher gesichert, kann in einem zweiten Schritt nach dem Verhältnis von Würde und religiöser Bildung ausgehend von dem mitgift- und dem leistungstheoretischen Begründungsmodell gefragt werden.

In Kürze ist noch zu markieren, worum es sich bei dem *mitgift- und dem leistungstheoretischen Begründungsmodell* handelt.[7] Zum Einen geht es um die mitgifttheoretische Auffassung als Absage an materiale Würdeverständnisse: Würde kommt dem Menschen kraft seines Menschseins zu, unabhängig von einem bestimmten physischen, psychischen oder moralischem Entwicklungsstadium bzw. Reifegrad. Zwischen Individuen wird dabei nicht differenziert. Es ist die Zugehörigkeit zur menschlichen Gattung, die für die Trägerschaft von entscheidender Bedeutung ist, und nicht die individuelle Personenwürde, die an Eigenschaften, Leistungen und den

---

7 Neben dem mitgift- und dem leistungstheoretischen bestimmt auch das *kommunikationstheoretische* Modell den aktuellen Würdediskurs. Darin werden die interpersonalen Beziehungen und Interaktionen insbesondere im staatsstrukturellen Sinne betont. Gemeint ist also die „Staatsgründungsfunktion" der Menschenwürde und damit ihre staatsstrukturelle Seite: Dreier, Horst (Hg.), Grundgesetz Kommentar. Band I. Präambel, Artikel 1–19, Tübingen (1996) 22004, Rn. 57.

sozialen Status geknüpft ist. Sie kann keinem Menschen genommen werden.

Der mitgifttheoretischen Argumentation steht die leistungstheoretische gegenüber. Sie kommt z.B. in den heftig umstrittenen Fragen zum Ausdruck, ob der Embryo ein Mensch und ob der Mensch auch im pränatalen Stadium Grundrechtssubjekt und Träger der Menschenwürde sei. Dem leistungstheoretischen Modell zufolge muss der Mensch zur (Identitäts-)Leistung wie Selbstachtung oder zur Ausbildung bestimmter Fähigkeiten in der Lage sein.

2. „Würde" in ev. Religionsbüchern und Lehrerhandbüchern in Baden-Württemberg

2.1 Die späte „Entdeckung" des Würdethemas in den Religionsbüchern

Die Durchsicht der Lehr- und Lernmittel für den Religionsunterricht an der gymnasialen Oberstufe in Baden-Württemberg von 1952 bis 2010 führt zu dem Ergebnis, dass die Begriffe „Menschenwürde" oder „Würde" im Inhaltsverzeichnis und in einzelnen Kapiteln nur in der neueren Literatur ab dem Jahr 2000 und nur in vier Religions- bzw. Lehrerhandbüchern auftauchen.[8] Dass „Menschenwürde einer der zentralen

---

8 So zum ersten Mal als eigener Themenbereich im Religionsbuch „Perspektiven Religion" unter der Federführung von Michael Wermke: ders., Die Würde des Menschen, in: Büchner, Frauke (Hg.) (u.a.), Perspektiven Religion. Arbeitsbuch für die Sekundarstufe II, Göttingen 2000, 178–179. Bei den weiteren Büchern handelt es sich um: ders., Zum Thema »Frei und gebunden – christliche Deutung des Menschen in der Moderne«, in: Büchner, Frauke, Dressler, Bernhard (Hgg.) (u.a.), Perspektiven Religion. Lehrerhandbuch für die Sekundarstufe II, Göttingen 2003, 68–81; Baumann, Ulrike, Dam, Harmjan, Der Mensch als

Wertkomplexe der Moderne"[9] sein soll, spiegelt sich in den Religionsbüchern nicht wider. Den relativ schütteren Spuren, die es aber immerhin gibt, ist nun nachzugehen. Im Amtsblatt des Kultusministeriums Baden-Württemberg „Kultus und Unterricht" (KuU) wird von 1952 bis heute regelmäßig eine Liste der zugelassenen Lehr- und Lernmittel für den Evangelischen Religionsunterricht veröffentlicht. Anhand dieser Liste lassen sich die entsprechenden Schul- und Lehrerhandbücher auf die Würdethematik hin sichten.[10]

Die Dokumentationsassymetrie zwischen behaupteter gesellschaftlicher Relevanz der Würde und fehlender Würdethematik in den Religionsbüchern in Baden-Württemberg lässt sich bis ins Jahr 1952 zurück verfolgen. Gerade 1952 in der Zeit der „Neuordnung im südwestdeutschen Raum" – wie

---

Frage, in: Baumann, Ulrike, Schweitzer, Friedrich (Hgg.), Religionsbuch Oberstufe, Berlin 2006, 220–259; Schweitzer, Friedrich, Werte und Normen für Mensch, Gesellschaft und globale Welt, in: ebd., 302–343; Baumann, Ulrike, Dam, Harmjan, Der Mensch als Frage, in: Baumann, Ulrike, Schweitzer, Friedrich (Hgg.), Religionsbuch Oberstufe. Handreichungen für den Unterricht, Berlin 2009, 105–122; Schweitzer, Friedrich, Werte und Normen für Mensch, Gesellschaft und globale Welt, in: ebd., 140–153.

9 Joas, Hans (u.a.), Menschenrechte und Menschenwürde. Entstehung, Geschichte und Anwendung eines zentralen Wertkomplexes der Moderne, in: http://www.grk-menschenrechte.uni-jena.de/grkmenschenrechtemedia/Downloads/dfg_jena_antrag_auszug.pdf (18.02.2011), 3.

10 Aus Platzgründen werden die zugelassenen Lehr- und Lernmittel von 1952 bis heute nicht einzeln aufgeführt, sondern auf die entsprechenden Angaben im Amtsblatt (KuU) verwiesen. Eine ausführliche qualitative Inhaltsanalyse der entsprechenden Lehr- und Lernmittel wird im Dissertationsprojekt der Autorin durchgeführt (noch unveröffentlicht).

der damalige Kulturminister Gotthilf Adolf Schenkel in der ersten Ausgabe des Amtsblatts des Kultusministeriums Baden-Württemberg urteilte[11] – und der relativen zeitlichen Nähe zur Unterzeichnung und Verkündung des Grundgesetzes wäre zu erwarten, dass die Diskussion von Art. 1 Abs. 1 GG in die Religionsbücher einfließen würde.

Dies ist nicht der Fall. Noch ganz im Zeichen der kerygmatisch-dialektischen Tradition bzw. der s.g. „Evangelischen Unterweisung" steht die Glaubensverkündigung im Vordergrund. Bibel und Gesangbuch sind die wichtigsten Lehr- und Lernmittel. Politische oder gesellschaftskritische Bezüge und somit auch die Auseinandersetzung mit dem neuen Konstitutionsprinzip der *res publica*[12] sind noch bis 1972 so gut wie nicht erkennbar. Erst ab 1972 findet eine radikale Wendung zur problemorientierten didaktischen Struktur im Sinne Hans-Bernhard Kaufmanns statt, die so weit geht, dass Religionsbücher sogar für kurze Zeit abgeschafft werden, um nur noch mit Materialsätzen und Themenheften zu arbeiten.[13] Themen wie Atheismus, Aggressionen, Frieden oder Sexualität bestimmten die unterrichtliche Agenda. Von „Menschenwürde" und „Würde" fehlt jedoch auch hier jede Spur.

Die von Klaus Wegenast eingeforderte „empirische Wende" im Jahr 1968 oder die Thesen von Hans-Bernhard Kaufmann gegen die Mittelpunktstellung der Bibel im Religionsunterricht im Jahr 1966 (1968 veröffentlicht) haben

---

11 Schenkel, Gotthilf Adolf, Zum Geleit, in: KuU Jg. 1 Nr. 1, Stuttgart 1952, 1.
12 Menschenwürde als „tragendes Konstitutionsprinzip": Dürig, Günter, Art. 1 Abs. 1 GG, in: Maunz, Theodor, Dürig, Günter, Grundgesetz. Kommentierung des Artikels 1 und 2, München 1958, Rn. 14.
13 KuU Jg. 21 Sondernummer 3, Stuttgart 10. Juli 1972, 921–924.

die Schulbuchbehörden zu diesem Zeitpunkt also immer noch nicht richtig erreicht.[14] Es zeigt sich, dass die Rezeption der damals neuen Forschungsansätze, die zum Paradigmenwechsel in der Religionspädagogik führten, vier Jahre warten musste, bis sie Eingang in die Lehrbücher fand. Da bei der Zulassung der Schulbücher mindestens drei Institutionen mit unterschiedlichen Aufgaben beteiligt sind (Kultusministerium, Badische und Württembergische Landeskirchen), erstaunt es dennoch, dass die problemorientierte Wende sich recht bald in den Lehr- und Lernmittel abzeichnete. Die Flut an neuen Materialsätzen und Unterrichtsmodellen verdrängte daraufhin nahezu die kerygmatisch-didaktische Struktur, die bis heute – zumindest in der religionspädagogischen Theoriebildung – im Wesentlichen nur noch eine historische Rolle spielt. Die Aufgabe und Ziele des ev. Religionsunterrichts bestehen gegenwärtig nicht mehr in Glaubensverkündigung oder Katechese, sondern (laut Bildungsplan von Baden-Württemberg) darin, Kinder und Jugendliche bei ihrer Suche nach Orientierung und Lebenssinn zu begleiten.[15]

---

14 Vgl. Wegenast, Klaus, Die empirische Wendung in der Religionspädagogik, in: EvErz 20 (3/ 1968), 111–125 und Kaufmann, Hans-Bernhard, Muß die Bibel im Mittelpunkt des Religionsunterrichts stehen? In: Otto, Gert, Stock, Hans (Hgg.), Schule und Kirche vor den Aufgaben der Erziehung, Hamburg 1968, 79–85.

15 Leitgedanken zum Kompetenzerwerb für Evangelische Religionslehre Gymnasium, in: Kultusministerium Baden-Württemberg, Bildung stärkt Menschen. Bildungsplan 2004. Bildungsstandards für Evangelische Religionslehre Gymnasium – Klassen 6, 8, 10, Kursstufe, in: URL: http://www.bildung-staerkt-menschen.de/service/downloads/Bildungsstandards/Gym/Gym_evR_bs.pdf (27.09.2010), 24.

2.2 Zur Darstellung von „Menschenwürde" und „Würde" in den Religionsbüchern

Der früheste Fund der Recherche – frühere rare Belege nicht ausgeschlossen – stammt aus dem s.g. Arbeitsbuch „Perspektiven Religion" für die Sekundarstufe II aus dem Jahr 2000.[16] Ein kurzes Teilkapitel unter Federführung des Jenaer Religionspädagogen Michael Wermke ist darin der Menschenwürde gewidmet.

Überblickt man die Belegte insgesamt, so ergibt die Analyse, dass die Würdethematik am häufigsten mit Inhalten verbunden wird, die sich in *fünf Kategorien* erfassen lassen. Die am häufigsten kodierte Kategorie bilden *Begründungsfragen*. Dabei werden insbesondere Texte gegenüber gestellt und diskutiert, die dem mitgift- und dem leistungstheoretischen Begründungsmodell zuzurechnen sind – ohne dass sie jedoch als Vertreter der genannten beiden Modelle ausgewiesen sind. An zweiter Stelle steht die Frage nach dem *Würdenträger*, die eng mit der des *Würdeschutzes* an dritter Stelle verknüpft ist. Die Extensionsproblematik wird damit als zweitwichtigste Frage angesehen, obwohl sie in der Fachliteratur verglichen mit den Begründungsproblemen an weniger prominenter Stelle behandelt wird.[17] *Konkrete Fallgruppen* wie therapeutisches und reproduktives Klonen stehen an vierter Stelle. An letzter Stelle steht die Frage nach dem *Menschenbild* im Zusammenhang der Würdethematik.

Es wurde bereits kritisiert, dass bei der Begründungsproblematik das mitgift- und leistungstheoretische Modell

---

16 Wermke, a.a.O., 178–179.
17 Zur Extensionsproblematik im Würdediskurs: Knoepffler, Nikolaus, Menschenwürde in der Bioethik, Heidelberg (u.a.) 2004, 49–89.

nicht explizit als solche ausgewiesen sind.[18] Zu kritisieren ist aber auch die fehlende Systematik bei der Auswahl und Behandlung unterschiedlicher Handlungsfelder, die mit Würde in Verbindung gebracht werden. So wird die Frage der Trägerschaft ausgehend von dem Status der Embryonen entfaltet, aber auch am Thema „Menschen mit Behinderung" konkretisiert.[19] Warum gerade auf diese Konkretionsfälle Bezug genommen wird, wird im Lehrerhandbuch auf der theologisch-didaktischen Ebene nicht erklärt. Damit werden zunächst ohne erkennbaren Sinnzusammenhang Elemente der Würdethematik heraus gegriffen, ohne dass ihre Zuordnung auf den unterschiedlichen Ebenen der interdisziplinär operierenden Fachwissenschaften, der Ebene der Didaktik und der Ebene der Unterrichtsprozesse geklärt ist.

Bei der Frage nach dem Würdeschutz bei Würdeverletzungen werden in den Religionsbüchern also unterschiedliche Konflikt- und Assoziationsfelder versammelt, die zunächst keinen unmittelbaren Bezug zur Würdethematik erkennen lassen: Menschen mit Behinderung, die als Sonder-Menschen gesehen werden, reproduktives oder therapeutisches Klonen, Verletzung der Selbstachtung, Verbrauch von Embryonen und das Gemälde „Die Hände" von Edvard Munch, das eine

---

18 So werden beispielsweise Texte von Robert Spaemann und Reinhard Merkel einander gegenüber gestellt, ohne dass fachwissenschaftlich und didaktisch (z.B. in den Lehrmitteln) reflektiert wird, dass es sich um unterschiedliche Begründungsmodelle handelt, die sich durch bestimmte Fachtermini auszeichnen, in: Baumann, Ulrike, Schweitzer, Friedrich (Hgg.), Religionsbuch Oberstufe, Berlin 2006, 220–259 und 302–343, sowie dies. (Hgg.), Religionsbuch Oberstufe. Handreichungen für den Unterricht, Berlin 2009, 105–122 und 140–153.
19 Cornelsen Religionsbuch Oberstufe, a.a.O., 220–259, bes. 229.

Erfahrung der Antastbarkeit zum Ausdruck bringen soll.[20] Was diese Elemente mit Würde zu tun haben, scheint „aus sich selbst" zu sprechen.

Es müsste unterschieden werden, warum die Frage nach der Gleichstellung von Menschen mit Behinderung *nicht* unvermittelt in die Menschenwürdeproblematik gehört, sondern zunächst vom Grundrecht auf Gleichheit (Art. 3 GG), sowie dem Problem der Gerechtigkeit her entfaltet werden müsste.[21] Die Sachverhalte werden damit nicht immer klar unterschieden bzw. gar irrtümlich zugeordnet. Damit wird der Würdebegriff voreilig für Problemfälle vereinnahmt, die mit Menschenwürde zunächst nicht unmittelbar etwas zu tun haben. Die (positive) Bestimmung dessen, was unter Menschenwürde zu verstehen ist, wird dadurch kaum noch möglich.

Bei der Problemgruppe Bioethik und Medizin bleibt zudem grundsätzlich unklar, in welcher Weise das Prinzip Menschenwürde für eine ethische und rechtliche Bewertung der bio- und medizinethischen Konfliktfälle nützlich sein kann. Die unterrichtliche Urteilsbildung für die Schülerinnen und Schüler läuft damit Gefahr, zu einer Art ethischer Prinzipienreiterei im Namen eines „Gutmenschentums" zu werden, das im konkreten Fall nicht zu differenzieren und so ethisch begründet handlungsfähig zu werden vermag.

Im Zentrum steht zum Beispiel die Frage, ob das Klonen die Menschenwürde verletze. Problematisch ist dabei,

---

20 Vgl. Cornelsen Religionsbuch Oberstufe, a.a.O., 229 und 326–331, sowie Perspektiven Religion, a.a.O. 178–179 (Aufgabe 5).
21 Zum Verbot der Benachteiligung wegen einer Behinderung ausgehend von Art. 3 GG: Osterloh, Lerke, Art. 3 GG. Gleichheit vor dem Gesetz, in: Sachs, Michael (Hg.), Grundgesetz. Kommentar, München 21999, 208–279, hier: Rn. 305 – Rn. 317.

dass das Klonen „an sich" ethisch beurteilt werden soll, was angesichts der unterschiedlichen Methoden und ohne konkreten Bezug auf die medizinische Sachlage schlichtweg unmöglich ist. Fragen zum Problemstand und Forschungsprozess des Klonens seit der Geburt des Schafes „Dolly" im Jahr 1997, die für eine Urteilsbildung wichtig wären, bleiben weitgehend unberücksichtigt. So wird auch nicht klar, was eigentlich „Klonen" heißt und welche Techniken (zum Beispiel mit embryonalen Zellen) auf diesem Gebiet existieren. Die medizinisch-naturwissenschaftliche Perspektive steht gegenüber der Frage nach den ethischen Kriterien zur Beurteilung des Klonens deutlich im Hintergrund. Hier sind Revisionen zu fordern, die spürbar aus dem Bereich ethischen und wissenschaftstheoretischen Kunstgewerbes der reduktionistischen Art hinaus führen.

Auch darf man nicht hoffen, dass zwischen dem Schutzbereich und den Eingriffen in die Menschenwürde unterschieden wird. Der Bezug zur s.g. Objektformel fehlt vollständig. So wird nicht thematisiert, dass im Mittelpunkt der verfassungsrechtlichen Eingriffsdefinition die Objektformel steht, nach der der Mensch nicht zum bloßen Objekt staatlicher Willkür gemacht werden darf.[22] Der historische Bezug zur Entstehung des Grundgesetzes in Abgrenzung zu den Verbrechen des Nationalsozialismus ist nicht gegeben und so fehlt auch die hermeneutisch-historische Sensibilität für diesen wesentlichen thematischen Aspekt, die einem christlichen Religionsunterricht gut anstünde. Der fehlende Bezug zur Objektformel lässt auch den nahe liegenden Bezug zum Würdepostulat von Immanuel Kant vermissen bzw. umgekehrt. Ganz entscheidend wäre in Rückbezug auf Kant zu klären,

---

22 Hufen, Friedhelm, Staatsrecht, Bd. 2. Grundrechte, München 22009, Rn. 30.

dass der Mensch von keinem Menschen ausschließlich als Mittel, sondern jederzeit zugleich als Zweck gebraucht werden muss und darin seine Würde bestehe.[23] So bleibt auch die entscheidende Frage nach dem Schutz des einzelnen Menschen vor Erniedrigung bzw. Demütigung, Folter, Schmähung, Brandmarkung und anderen Formen *staatlicher Willkür* unberücksichtigt.

Schon diese wenigen Hinweise mögen genügen, um urteilen zu können: Die in der rechtswissenschaftlichen und theologischen Würdeliteratur zentralen Fragen, von denen die Frage nach der staatlichen Willkür im Vordergrund steht, finden keinen Eingang in die Schulbücher. Stattdessen steht die Problemgruppe Bioethik und Medizin im Vordergrund, sowie die Frage nach der Gleichstellung der Menschen mit Behinderung.

Luther forderte mit Recht, dass die entscheidende Leistung der Theologie in der Fähigkeit zur rechten Unterscheidung (insbesondere zwischen Gesetz und Evangelium) bestehe.[24] Die Kritik der unzureichenden Unterscheidungen betrifft jedoch nicht nur den didaktischen Explikationswillen in den Lehr- und Lernmitteln. Vielmehr wird eine Kluft zwischen dem komplexen, interdisziplinär geführten Fachdiskurs zur Menschenwürde und ihrer didaktischen Reflexion erkennbar. Auch kann die didaktische Reflexion der Würdethematik nicht nur aus der Binnenperspektive einer Disziplin wie z. B. der theologischen Ethik erfolgen, sondern muss darüber hinaus die rechtswissenschaftlichen, philosophischen, historischen und medizinethischen Erkenntnisse berücksichtigen.

---

23 Kant, Immanuel, Grundlegung zur Metaphysik der Sitten (1785), Hamburg 1965, 52.
24 WA 39/ 1; 361, 1–4 und 552, 12 f. (1537); WA 7; 502, 34 f. (1521) und WA 40/ 1; 207, 17 f. (1531 bzw. 1535).

Im interdisziplinären Würdediskurs müssten daher neben den medizin- und bioethischen Konfliktsituationen auch Bildungsfragen diskutiert werden. Aufgrund markierter Implikationen der Heterogenität des Würdebegriffs, die in den Lehr- und Lernmitteln nicht hinreichend berücksichtigt werden, ist die didaktische Reflexion außerhalb des interdisziplinären Würdediskurses kaum zu leisten.

2.3 Konsequenzen: Mehr Bildungsfragen im interdisziplinären Würdediskurs

Den Beispielen für einen reduktionistischen Umgang mit der Würdethematik ließen sich andere hinzufügen. In der formulierten Kritik wird nicht die Absicht verfolgt, die einzelnen Beiträge in den Religionsbüchern als defizitär anzusehen. Es gibt auch sicherlich Religionslehrerinnen und -lehrer, die die beschriebene Expertise aufweisen und in der Lage sind, einen auf der fachlichen, didaktischen und unterrichtsprozessualen sehr guten Religionsunterricht in Auseinandersetzung mit der Würdethematik zu gestalten. Dem wäre mit Mitteln der empirischen Unterrichtsforschung eigens nachzugehen. Mit Hilfe der genannten Beispiele lässt sich jedoch eine Problemlage aufzeigen, die als Kluft beschrieben wurde.

Die Kluft hat eine ihrer Gründe sicher auch in einem Problem, auf das Hans Ulrich Evers in anderem Zusammenhang aufmerksam gemacht hat. Evers notierte zur Frage nach der Befugnis des Staates zur Festlegung von Erziehungszielen in der pluralistischen Gesellschaft eine Kluft, die auch für die geschilderte Problemlage noch Gültigkeit hat. Nach Evers tragen die Einigkeit in der Anerkennung des Grundgesetzes, sowie die Aussagen des Grundgesetzes für die inhaltliche

Gestaltung der Schule kaum etwas aus.[25] Dem Nichtexperten sei die benötigte Interpretation des Grundgesetzes schwer zugänglich. Vor allem aber erwarteten die am Schulgeschehen Beteiligten sehr Unterschiedliches vom Grundgesetz und die öffentliche Diskussion verdunkele eher die Aussagen des Grundgesetzes, als dass sie sie erhelle.

Was also ist zu tun? *An Stelle der auf den Würdebegriff nicht gerade überzeugenden Aneinanderreihung von ethischen Problemfeldern der „Mitmenschlichkeit" müsste die Systematisierung der unterschiedlichen Begründungsstrategien und die Reflexion der darin implizierten Bildungsverständnisse treten.* So könnten die Argumentationsstrategien wie diejenigen der Mitgift-, Leistungs- oder Kommunikationstheorie benannt werden.[26] Für die Aufbereitung dieser Begründungssystematik und ihrer Folgen für die Bearbeitung konkreter Felder angewandter Ethik müsste darüber hinaus aufgedeckt werden, welches Bildungsverständnis mit diesen Theorien verbunden ist. Die Felder der Angewandten Ethik müssten mit Bedacht zugeordnet werden. Schließlich wären in kompetenzorientierter Weise Hilfestellungen für die eigene ethische Urteilsbildung anzubieten. Geschieht dies nicht, so wird unverständlich, was als Unterrichts- und Bildungsziel deklariert worden ist. „Erhabene Würdenebel" legen sich auf eine Landschaft von Problemlagen und die christliche

---

25 Evers, Hans-Ulrich, Die Befugnis des Staates zur Festlegung von Erziehungszielen in der pluralistischen Gesellschaft, Berlin 1979, 13–14.
26 Angesichts der Offenheit des Würdebegriffs haben sich Begründungstheorien entwickelt, die unter den Begriffen „Mitgift, Leistung" oder „Kommunikation" zusammen gefasst werden. Exemplarisch ist auf die Darstellung der Theorien bei Friedhelm Hufen zu verweisen: ders., a.a.O., 140–143.

Religion muss den Schülerinnen und Schülern als irrelevant in der Lebensgestaltung erscheinen.

In diesem Zusammenhang bleibt auch die Kompetenzfrage zu klären: Ist die Fixierung auf die Befähigung zur Urteilsfähigkeit im Zusammenhang der Würdethematik tatsächlich sinnvoll? Warum soll gerade sie im Zentrum der Unterrichtseinheiten stehen? Sind die anderen grundlegenden Kompetenzen der Wahrnehmungs- und Darstellungsfähigkeit, der Deutungs-, Dialog- und Gestaltungsfähigkeit für die Würdefrage irrelevant?[27] Bisher wird Menschenwürde ausschließlich in Verbindung mit der Kompetenz der Urteilsfähigkeit reflektiert.[28] Die Bedeutung des Religionsunterrichts muss jedoch über den Beitrag zur Werteerziehung hinaus gehen.[29]

---

27 Zu den grundlegenden Kompetenzen religiöser Bildung: Kirchenamt der EKD, a.a.O., 13.
28 So auch von der Kommission zur Erarbeitung eines Kerncurriculums im Religionsunterricht: Kirchenamt der EKD, a.a.O., 54.
29 Wie sich die Auseinandersetzung mit der Wahrheitsfrage zur Aufgabe der Begleitung von Kindern und Jugendlichen bei ihrer Suche nach Orientierung und Lebenssinn (Bildungsplan 2004 für Ev. Religionslehre) verhält, wäre eigens zu klären (vgl. Anm. 14). Die Frage nach der Wahrheit soll sowohl aus verfassungsrechtlicher, als auch theologisch-religionspädagogischer Sicht ausdrücklich zur Aufgabe des Religionsunterrichts an der öffentlichen Schule gehören: Schweitzer, Friedrich, Religionsunterricht in der Bürgergesellschaft: Ein neuer Horizont für Protestantismus und Bildung? In: Rupp, Hartmut, Scheilke, Christoph Th., Schmidt, Heinz, Zukunftsfähige Bildung und Protestantismus, Stuttgart 2002, 183–193, hier 188. Aus juristischer Perspektive: „Es ist keine überkonfessionelle, vergleichende Betrachtung religiöser Lehren, nicht bloße Morallehre, Sittenunterricht, historisierende und relativierende Religionskunde, Religions- oder Bibelgeschichte. Sein Gegenstand ist vielmehr der Bekenntnisinhalt, nämlich die Glaubenssätze der

Der Religionsunterricht ist daher der Ort, an dem die ethische der religiösen Kompetenz zuzuordnen ist, wenn sich der Religionsunterricht nicht im Ethikunterricht auflösen soll. Hier ist schon im Angang des Themas die Folgewirkung jener fächersystematischen Fehlstellung zu erahnen, in dem der Religionsunterricht als fromme Alternative zum Ethikunterricht gedacht wird. Schließlich sind die Aufgabe und das Ziel des Religionsunterrichts als Begleitung von Kindern und Jugendlichen bei ihrer Suche nach dem Lebenssinn im Zusammenhang der Geschichte Gottes zu verantworten, wenn die Bildungsstandards ernst genommen werden wollen.[30] All diese Zusammenhänge werden in der gesichteten Literatur nicht reflektiert.

Um auf die oben aufgestellte sehr grundsätzliche Frage sehr grundsätzlich zu antworten: Zunächst muss im interdisziplinär-fachwissenschaftlichen Würdediskurs ein fruchtbarer Austausch zwischen Rechtswissenschaftlern, Systematischen Theologen, Philosophen etc. und Bildungstheoretikern initiiert werden, um entsprechende fachliche und didaktische Querbezüge und Lernwege zu erarbeiten. Von entsprechenden Bildungstheoretikern müsste dieser Austausch darüber hinaus für die Frage weiter geführt werden, welches Bildungsverständnis hinter dem kompetenzorientierten Anspruch etwa auf die ethische Urteilsbildung steckt. Dies kann nur gelingen, wenn diese Klärungen in enger und begründungstheoretisch reflektierter Verzahnung mit den Sachfragen der Würdethematik erfolgen.

---

jeweiligen Religionsgemeinschaft. Diese als bestehende Wahrheit zu vermitteln ist seine Aufgabe", in: ZevKR 32 (1984), 677 (= BVerfG Bd. 74, 244). Vgl. dazu Winter, Jörg, Religionsunterricht, Religionskunde oder »L-E-R«? Verfassungsrechtliche Überlegungen, in: Rupp, a.a.O., 116–124, hier 118 Anm. 5.
30 Kirchenamt der EKD, a.a.O., 9–11.

Im Folgenden ist die Verknüpfung des Würde- mit dem Bildungsbegriff ausgehend von dem mitgift- und leistungstheoretischen Begründungsmodell im Ansatz zu markieren. Die markierten Verzahnungsmomente müssen an anderer Stelle mit entsprechenden Begründungstheorien und Konzeptionen abgesichert, verdichtet und weiter geführt werden.[31]

3. Das implizierte Bildungsverständnis im mitgift- und im leistungstheoretischen Begründungsmodell von Würde

Im Voraus ist zunächst in Erinnerung zu rufen, dass es aus evangelischer Sicht lange Zeit nicht selbstverständlich war, von „Bildung", gar noch von „Allgemeiner Bildung" zu sprechen. Noch 1938 sprach Karl Barth in seinem Vortrag „Evangelium und Bildung" von der *Krisis* als einer göttlichen Verneinung, Verwerfung und Beseitigung des menschlichen Bildungsstrebens, das nicht im Evangelium gründe.[32] Barths radikal-kritisches Verständnis von Bildung wird vor dem Hintergrund der nationalsozialistischen Bildungs- und Erziehungsideale verständlich.

Nach Barth widersteht das Evangelium gegen bestimmte menschliche Bildungsversuche, weil alles Bilden und Gebildetwerden bereits in Jesus Christus realisiert worden sei. Alle außerhalb von Jesus Christus unternommenen menschlichen Bildungsversuche zeugten nur von fehlgehender

---

31 Eine direkte Zuordnung von Menschenwürde und (religiöser) Bildung ist in der fachwissenschaftlichen Literatur bisher kaum ausfindig zu machen. Auf die Monographie von Friedrich Schweitzer als Ausnahme wurde bereits verwiesen: a.a.O. (Anm. 6).
32 Barth, Karl, Evangelium und Bildung, Zürich 21947, 15 f.

Selbstgenügsamkeit und Grenzenlosigkeit, die Barth besonders im Absolutismus und Totalitarismus vertreten sieht. Ähnlich dem Würdebegriff wurde auch der Bildungsbegriff in der Phase der dialektischen Theologie bzw. der kerygmatisch-didaktischen Struktur der Evangelischen Unterweisung damit mehr oder weniger außer Acht gelassen.[33] Erst mit den evangelischen Bildungstheoretikern Peter Biehl und Karl Ernst Nipkow wird der Bildungsbegriff und darüber hinaus der religiöse Bildungsbegriff in der religionspädagogischen Theoriebildung in den 80er und 90er Jahren wieder salonfähig und erfreut sich seitdem zahlreicher Veröffentlichungen.[34]

Nun lässt sich das mitgift- und das leistungstheoretische Begründungsmodell den beiden Modi von Bildung zuordnen, wie sie in der Ideengeschichte immer wieder eine Rolle spielen. Bildung wird demnach sowohl im Modus des Passivs als *Gebildetwerden*, als auch im Modus des Aktivs als *Bilden* verstanden. Im Unterschied zum Allgemeinen Bildungsbegriff hebt der religiöse Bildungsbegriff stärker den passiven Modus des Gebildetwerdens hervor. Hier sind kühne Verknüpfungen mit der biblisch-christlichen Auffassung des Menschen als Bild Gottes und darin Geschöpf Gottes aufgestellt worden. Sie haben ihren Grund nicht zuletzt in der Geschichte des Verhältnisses von Gottebenbildlichkeit und Bildung, die

---

33 Biehl, Peter, Die Gottebenbildlichkeit des Menschen und das Problem der Bildung, in: ders., Nipkow, Karl Ernst, Bildung und Bildungspolitik in theologischer Perspektive, Münster 2003, 9–102, hier 9 f.
34 Biehl, Peter, Erfahrung, Glaube und Bildung, Gütersloh 1991 und Nipkow, Karl Ernst, Bildung – Glaube – Aufklärung. Zur Bedeutung von Luther und Comenius für die Bildungsaufgaben der Gegenwart, Konstanz 1986. Die Auseinandersetzung mit Bildungsfragen ist bei Nipkow jedoch früher zu datieren: ders., Christliche Bildungstheorie und Schulpolitik, Gütersloh 1969.

motivgeschichtlich untersucht worden ist.[35] So konnte Hans Schilling im Jahr 1961 nachweisen, dass der mittelhochdeutsche Terminus *bildunge* durch die deutschen Mystiker (Meister Eckhart, Johann Tauler und Heinrich Seuse bzw. Suso) erstmals aus dem handwerklich-künstlerischen Bereich aufgenommen und mit der Vorstellung der Gottebenbildlichkeit verknüpft wurde.

An dieser Stelle ist kurz anzumerken, dass dieses anthropologische Verständnis von Bildung nicht in einem Atemzug mit dem „modernen" im Zuge der verstärkten Reflexion menschlicher Subjektivität im 18. Jahrhundert aufkommenden Bildungsbegriff – wie die landläufigen Bildungsdebatten ihn verstehen – verwechselt werden darf. Im Blick auf diesen Bildungsbegriff ist zu urteilen, dass er nur streng reflexiv verwendet werden darf. Menschen können zwar erzogen, aber nicht gebildet werden. Sie können immer nur sich selbst bilden. Dieser Unterschied muss bei einer sachgerechten Zuordnung von Bildung und Menschenwürde bedacht werden.

Vor diesem Hintergrund ist nun zur Kenntnis zu nehmen, dass Gottebenbildlichkeit auch in Begründungsstrategien von Menschenwürde in den christlich-theologischen Konzeptionen eine große Rolle spielt.[36] Dabei sind sodann die unterschiedlichen semantischen Modifikationen zu beachten, die

---

35 Schilling, Hans, Bildung als Gottebenbildlichkeit. Eine motivgeschichtliche Studie zum Bildungsbegriff, Freiburg i.Br. 1961. Auf die Tatsache, dass Schilling die Konzeption von Comenius nicht berücksichtigt, weist Biehl hin und schließt diese Lücke: Biehl, a.a.O. (Anm. 32), 25–27.

36 Die gemeinsame Überzeugung der beiden großen christlichen Konfessionen zur Begründung von Menschenwürde durch die Gottebenbildlichkeit wurde in einer Denkschrift formuliert, in: Kirchenamt der Ev. Kirche in Deutschland/ Sekretariat der Dt. Bischofskonferenz (Hg.), Gott ist ein Freund des Lebens.

entstehen, wenn sich das Ebenbildlichkeitskonzept in unmittelbar theologischem Kontext mit der Würdebestimmung verschwistert, oder wenn etwa wie bei Jürgen Habermas davon ausgegangen wird, dass Menschenwürde die säkularisierte Variante auf die Ebenbildlichkeitsbestimmung abgibt.[37] Beide systematischen Varianten stehen auf nicht allzu soliden begriffsgeschichtlichen Füßen, was sie deshalb systematisch nicht unbedingt schon illegitim macht. Im Angesicht dieser komplexen Motivkonstellation ist nun aber eine motivgeschichtliche Verzahnung von Gottebenbildlichkeit – Würde und Gottebenbildlichkeit – Gebildetwerden denkbar, die zu einer belastbaren Verhältnisbestimmung von Würde und Bildung führt.

Der passive Modus besteht sowohl bei Würde, als auch bei Bildung als Gebildetwerden darin, dass beide sich letztlich nicht aus den Funktionen, Leistungen, Verdiensten oder aufgrund bestimmter Eigenschaften bestimmen, schon gar nicht nach individuellem oder dem sozialen Nutzen und Interesse. Sie werden vielmehr (– um es einmal recht „konservativ" im Modus der klassischen Rechtfertigungslehre zu formulieren –), voraussetzungslos von außen dem Menschen als Geschöpf von Gott her zugesprochen. Zwei Schwierigkeiten sind hier zu berücksichtigen: Zum Einen ist diese Begründung von Würde und Bildung außerhalb christlich-theologischer Redeweise unverständlich. Zum Anderen handelt es sich

---

Herausforderungen und Aufgaben beim Schutz des Lebens, Gütersloh 1989.
37 Habermas, Jürgen, Glauben und Wissen. Friedenspreis des Deutschen Buchhandels 2001, Frankfurt a.M. 2001; vgl. ders., Religion in der Öffentlichkeit. Kognitive Voraussetzungen für den „öffentlichen Vernunftgebrauch" religiöser und säkularer Bürger, in: ders., Zwischen Naturalismus und Religion, Frankfurt a.M. 2005, 119–154, hier 127 ff.

auch bei der Gottebenbildlichkeit zunehmend um eine „Leerformel", mit der begrifflich kaum operiert werden kann. Diese Verhältnisbestimmung muss also in einem intensiven Gespräch zwischen Systematischer Theologie und Bildungstheorie weiter geführt werden.

Johannes D. Schütte

Die ‚soziale Vererbung' gesellschaftlicher Chancen in der Bundesrepublik Deutschland[1]

Abstract

In der Bundesrepublik Deutschland ist ein Teil der Bevölkerung immer stärker von der gesellschaftlichen Teilhabe ausgeschlossen. Insgesamt kann davon ausgegangen werden, dass der sozioökonomische Status darüber entscheidet, ob ein Mensch eine Chance auf gute Bildung erhält und die Möglichkeit hat, ein gesundes Leben führen zu können. Damit aber nicht genug, es gibt außerdem empirische Hinweise darauf, dass sich die soziale Exklusion über Generationen hinweg fortsetzt und der gesellschaftliche Status somit quasi vererbt wird.

Ob und auf welche Art und Weise ein solcher Vererbungsprozess stattfindet und wie diesem entgegen gewirkt werden kann, ist die leitende Fragestellung dieses Artikels. Der Fokus liegt dabei auf der Schnittstelle von Bildung und Gesundheit. In diesem Beitrag wird eine Typologie vorgestellt, anhand der es möglich ist zu erkennen, welche Personengruppen Aufstiegschancen besitzen und welche besonders benachteiligt sind. Auf dieser Grundlage werden Ansatzpunkte für die Verbesserung der Förderung von besonders benachteiligten Personen benannt.

---

1 Dieser Artikel beruht in überarbeiteter Form auf der Dissertationsschrift des Autors. Siehe: Schütte, Johannes D. (2013): *Armut wird „sozial vererbt": Status Quo und Reformbedarf der Inklusionsförderung in der Bundesrepublik Deutschland. Wiesbaden: Springer VS*

1. Soziale Ausgrenzungsprozesse in der Bundesrepublik Deutschland

In Deutschland geht die Schere zwischen Arm und Reich immer weiter auseinander und ein Teil der Gesellschaft wird immer eindeutiger ausgegrenzt. Die soziale Ausgrenzung geschieht in unterschiedlichen Dimensionen. Besonders offensichtlich sind die Benachteiligungen im Gesundheits- und Bildungsbereich. Im Gesundheitsbereich ist die Erkenntnis, dass der Gesundheitszustand der Menschen aus höheren Schichten besser ist als der von Menschen aus niederen sozialen Schichten weithin bekannt und durch verschiedene aktuelle Studien belegbar. So zeigen Studienbefunde, dass die durchschnittliche Lebenserwartung eines Menschen mit hohem Einkommen größer ist als die Lebenserwartung eines Menschen mit einem niedrigerem Einkommen (vgl. Mielck 2012, S. 130; Voges und Groh-Samberg 2012, S. 156 ff.). Darüber hinaus lässt sich erkennen, dass Menschen mit einem niedrigen sozioökonomischen Status, im Schnitt nicht nur kürzer leben, sondern auch häufiger krank sind (vgl. Schneider 2008, S. 256; Robert Koch Institut 2008, S. 83 ff.). Im Bildungsbereich ist spätestens durch die Ergebnisse der verschiedenen PISA- und IGLU-Studien bekannt, dass Kinder aus Familien mit einem niedrigen gesellschaftlichen Status schlechtere Bildungschancen haben als Kinder aus höheren Schichten (vgl. Autorengruppe Bildungsberichterstattung 2008, S. 84; Autorengruppe Bildungsberichterstattung 2012, S. 90 ff.; Prenzel 2007, S. 15 ff.). Die beschriebenen Deprivationen legen nahe, dass der sozioökonomische Status in Deutschland von Generation zu Generation weitergegeben, sozusagen vererbt wird.

2. Ist die Vererbung des gesellschaftlichen Status genetisch oder sozial bedingt?

Wenn man von „Vererbung" spricht, denkt man zunächst an die biologische Übertragung von Erbmaterial. Die Frage, ob und inwieweit das genetische Material einen Einfluss auf die gesellschaftliche Position eines Menschen hat, wird schon seit sehr langer Zeit wissenschaftlich kontrovers diskutiert. So berichteten Richard Hernstein und Charles Murray in ihrem 1994 veröffentlichten Bestseller „The Bell Curve" verschiedene Korrelation zwischen dem IQ eines Menschen und seinen gesellschaftlichen Erfolgsaussichten. Sie konnten zeigen, dass 55 Prozent der unterdurchschnittlich intelligenten Studienteilnehmer keinen Schulabschluss erreicht hatten, die überdurchschnittlich intelligenten Studienteilnehmer aber alle einen Schulabschluss besaßen. Ähnliche Unterschiede stellten sie noch für andere Dimensionen fest, wie zum Beispiel die Wahrscheinlichkeit, in Armut oder im Sozialhilfebezug zu leben oder arbeitslos zu sein (Herrnstein, Murray 1996, S. 148 ff.). Aus diesen Korrelationen leiten Hernstein und Murray ab, dass grundsätzliche Intelligenzunterschiede abhängig von der sozialen Herkunft bestehen würden. Sie vertreten weiter die These, dass die Gesellschaftsstruktur genetische Ursprünge hat und Menschen ihrer Intelligenz entsprechend eine hohe oder eben eine niedere gesellschaftliche Stellung einnehmen.

Die meisten Wissenschaftler heutzutage widersprechen diesen Annahmen grundlegend, da es nicht möglich ist, anhand der beschriebenen Mittelwert-Korrelationen eine direkte Kausalverbindung zwischen IQ und gesellschaftlicher Stellung herzustellen. Zum einen, weil die Möglichkeit besteht, dass eine dritte intervenierende Variable beide Variablen beeinflusst, andererseits aber auch, weil ein solcher Schluss die vorhandenen Schnittmengen vollkommen ignoriert.

Eine neue Generation von neurowissenschaftlichen Forschungsarbeiten zeigt zwar, dass die genetischen Anlagen, zum Beispiel das Hirnvolumen, das elektrische Aktivitätsniveau der Hirnrinde und die Nervenleitgeschwindigkeit zu einem gewissen Grad prägen. Die meisten Studien kommen aber zu dem Ergebnis, dass die individuellen Intelligenzunterschiede nicht anhand der genetischen Anlagen erklärt werden können (Deary 2006, S. 690 ff.). Vielmehr existieren verschiedene Hinweise dafür, dass der genetische Einfluss und der Umwelteinfluss keine voneinander getrennten Bereiche darstellen (Schmidtke 2002, S. 146). Es konnte belegt werden, dass gerade bei Menschen mit niedrigerem soziökonomischem Status die Umwelteinflüsse eine bedeutendere Rolle bei der Vererbung von Intelligenz spielen. So haben Kinder aus den höheren Schichten die besten Chancen, ihre genetischen Potentiale auch zu nutzen (vgl. Turkheimer et al. 2003, S. 627). Dies zeigt zum Beispiel eine Adoptionsstudie, die feststellt, dass der durchschnittliche IQ von adoptierten Kindern steigt, wenn sie von einer statushöheren Familie adoptiert werden, und sinkt, wenn sie von einer statusniedrigeren Familie adoptiert werden (Capron und Duyme 1989, S. 552 ff.).

Bezüglich der Chancen eines Menschen, ein gesundes Leben führen zu können, spielt das Erbgut zwar ebenfalls eine Rolle, wie man z.B. bei der Entstehung bestimmter Krankheiten erkennen kann, aber auch hier ist es nicht möglich, die Unterschiede im Gesundheitszustand allein durch die Gene zu erklären. Dies wurde unter anderem durch die Zwillingsforschung mehrfach belegt. So haben eineiige Zwillinge, die fast exakt die gleichen Gene besitzen, wenn sie in verschiedenen Umwelten aufwachsen, verschiedene Krankheiten und einen unterschiedlichen gesundheitlichen Status (vgl. Lucae 2006, S. 13 ff.). Es ist wohl eher so, dass Gene unser Risiko beeinflussen, Krankheiten zu entwickeln.

Insgesamt lässt sich feststellen: Menschen haben unterschiedliche genetische Anlagen, diese genetischen Dispositionen haben auch einen Einfluss auf den Gesundheitszustand und auf die Intelligenzentwicklung, aber dieser Einfluss wird maßgeblich durch Umweltbedingungen aktiviert und moderiert. So reagieren manche Menschen aufgrund ihrer genetischen Anlagen in bestimmten Umweltsituationen ganz anders als die Mehrheit (Gen-Umwelt-Interaktion). Außerdem können die Erbanlagen über ihren Einfluss auf z.B. die Persönlichkeitsmerkmale, die Wahrscheinlichkeit erhöhen, dass ein Mensch bestimmte Umwelterfahrungen macht, die diesen wiederum prägen können (Gen-Umwelt-Kovariation). Es lässt sich konstatieren, dass zwar verschiedenste Wechselwirkungen zwischen den Erbanlagen und der Umwelt eines Menschen bestehen, allerdings lassen sich die vorhandenen gesellschaftlichen Ungleichheiten nicht ausreichend durch genetische Faktoren erklären. Somit müssen andere Mechanismen für die Vererbungsprozesse verantwortlich sein.

3. Theoretische Modelle zur Beschreibung „sozialer" Vererbungsprozesse

Ist ein Mensch in der Lage, über sein Handeln frei zu entscheiden, oder ist er dabei von gesellschaftlichen Einflüssen abhängig – das ist die Ausgangsfrage. Der Dualismus von Autonomie und Heteronomie spiegelt sich in den Menschenbildern des homo oeconomicus und des homo sociologicus wider. In diesem Beitrag wird davon ausgegangen, dass dieser Gegensatz, jedenfalls in Teilen, überwunden werden kann und zwar durch die individuelle Interpretation der sozialen Rahmenbedingungen.

Gingen erste Vertreter des homo oeconomicus noch davon aus, dass alle Menschen grundsätzlich frei über eine rationale Entscheidungskalkulation versuchen, ihren eigenen Nutzen zu maximieren, so schränkten spätere Anhänger dieser Theorietradition zum Beispiel die Annahme der Nutzenmaximierung ein und gingen davon aus, dass sich die Individuen bereits mit einem befriedigenden Ergebnis begnügen.

Frühe Anhänger des Bildes vom homo sociologicus vertraten dagegen die These, dass die individuelle Handlungsentscheidung maßgeblich durch die gesellschaftlichen Verhältnisse bestimmt ist. Diese Ansicht wurde bereits durch Karl Marx ausdifferenziert, der mit seinem historisch-materialistischen Ansatz zwar von der Annahme ausging, dass Menschen durch die geschichtlich entstandenen Machtverhältnisse in ihrem Handeln beeinflusst werden, jedoch gleichzeitig auch der Ansicht war, dass Menschen über solidarisches Handeln fähig sind, diese Verhältnisse zu verändern. Max Weber vertrat die These, dass die einzige Möglichkeit, menschliches Handeln wissenschaftlich zu beschreiben, die Ergründung des *subjektiven Sinnzusammenhangs* sei.

Die beschriebene Theorieentwicklung hin zur Annahme einer subjektiven Definition der Situation ermöglicht es, die individuelle Handlungsentscheidung durch eine gesellschaftlich mitbeeinflusste Wahrnehmung zu beschreiben. Aufbauend auf dieser Vorstellung hat Pierre Felix Bourdieu seine Theorie entwickelt. Bourdieu kritisiert den rein ökonomischen Kapitalbegriff als nicht ausreichend und definiert drei Formen von Kapital: das ökonomische, das soziale und das kulturelle Kapital.

Das „*ökonomische Kapital*" umfasst alles, was unmittelbar in Geld ausgedrückt werden kann. Das „*Sozialkapital*" beschreibt die Ressourcen, auf die ein Mensch auf Grund seiner sozialen Kontakte und Beziehungsnetze zugreifen kann. Das „*kulturelle Kapital*" besteht aus drei verschiedenen Formen: dem „*inkorporierten*", dem „*objektivierten*" und dem „*institutionalisierten kulturellen Kapital*". Eine besondere Relevanz besitzt das inkorporierte, also das verinnerlichte kulturelle Kapital. Das inkorporierte Kulturkapital geht direkt von der Elterngeneration auf deren Kinder über, kann allerdings nicht einfach übergeben oder verschenkt werden. Jedes Individuum muss es sich selbst aneignen. Sprachkompetenzen oder bestimmte Tischmanieren, aber auch die Fähigkeit, ein Musikinstrument zu spielen, können inkorporiertes Kulturkapital darstellen. Die Aneignung geschieht stets unbewusst über den sogenannten „Habitus". Der Habitus eines Menschen determiniert nicht vollkommen das Denken und Handeln, er setzt ihm aber einen Rahmen. Nach Bourdieu haben die Menschen einer sozialen Klasse einen ähnlichen „Geschmack" und pflegen somit ihren spezifischen Lebensstil. Diese klassenspezifischen Lebensstile beeinflussen dann wiederum die Konstitution des Habitus der nachfolgenden Generation. Durch diesen Kreislauf werden der Habitus und damit das inkorporierte Kulturkapital von der einen Generation auf die nächste „sozial" vererbt (Bourdieu 1992, S. 54).

Das bei Bourdieu zentrale Konstrukt des Habitus lässt sich, mithilfe der theoretischen Annahmen von Hartmut Esser, weiter konkretisieren. Das Essersche Modell der Frameselektion ermöglicht es, die Wirkungsweisen des Habitus besser verstehen zu können. Esser geht davon aus, dass die inneren Dispositionen eines Akteurs aus einem Satz an kognitiven Schemata bestehen, den so genannten *„Frames"*.

„Frames" (…) sind kollektiv verbreitete und in den Gedächtnissen der Akteure verankerte kulturelle Muster, „kollektive Repräsentationen" typischer Situationen." (Esser 2005, S. 10–11)

Ein Frame ist also ein gedankliches Modell der Situation. Verknüpft mit den Frames sind außerdem bestimmte zuvor gelernte Assoziationen. Zu diesen Assoziationen gehören mögliche Reaktionsmuster und auch bestimmte Emotionen. Der Frame befördert also eine Vorselektion bestimmter möglicher Situationsinterpretationen, aber auch eine Auswahl von Handlungsoptionen. Diese Bündel von möglichen Handlungsweisen bezeichnet Esser als „habits". *„Habits können als ganze Komplexe bzw. Bündel von Handlungen bzw. Handlungssequenzen verstanden werden"* (Esser 1991, S. 64–65). Mit der Aktivierung eines Frames wird die Wahl der Handlungsskripte strukturiert und begrenzt, sodass in einer durch einen Frame gerahmten Situation nur bestimmte, mit der Situation assoziierte Skripte des Handelns zur Verfügung stehen (Esser 2001, S. 261). So wird erklärbar, warum Menschen, die aus objektiver Sicht ähnliche Entscheidungsmöglichkeiten haben, diese nicht in gleicher Weise wahrnehmen können.

Unter Rückgriff auf das Anforderungs-Kontroll-Modell von Karasek und Theorel lässt sich dieser Prozess weiter untersuchen. Nach der Grundannahme des Modells wird das Stressniveau durch das Zusammenspiel von Herausforderungen und personenbezogenen Entscheidungsmöglichkeiten bestimmt. Wenn man davon ausgeht, dass alle Personen über schichtspezifische Wahrnehmungs- und Handlungsschemata verfügen, könnten Personen mit niedrigem sozioökonomischem Status schneller und häufiger von externen Anforderungen überfordert werden, da ihr Habitus nicht zu dem der gesellschaftlich dominierenden Schichten passt. Durch diesen Effekt erfahren sich Menschen aus unteren Schichten selbst oft als Objekt der Umwelt und entwickeln mehr und mehr ein Ohnmachtgefühl. Diese selbst erlernte Unmündigkeit führt wiederum zu einer weiteren Deprivation der Menschen aus unteren Sozialschichten. Das Gefühl der Hilflosigkeit wird somit auch zu einem Teil des Lebensstils unterer Sozialschichten, und nachkommende Generationen lernen diese Lebenseinstellung schon von klein auf. Somit verfestigt sich die soziale Stellung und die Deprivation wird auch über diesen Prozess sozial vererbt.

Durch die Zusammenführung der beiden Ansätze wird der Essersche Ansatz um eine gesellschaftliche Dimension erweitert und die Bourdieusche Sicht um die rationale Entscheidungskalkulationen ergänzt. Es entsteht so ein Modell, das sowohl eine integrierende Beschreibung der Selektionsmechanismen in der Schnittmenge von Bildung und Gesundheit möglich macht als auch eine Habitus-Modifikation theoretisch zulässt.

Grundlegend für ein solches Modell ist es, das kulturelle Kapital nicht auf den Bildungsbegriff zu reduzieren, sondern breiter zu fassen und sämtliche kognitiven Schemata eines Menschen als kulturelles Kapital zu interpretieren. Neben dem inneren Handlungsrahmen, der durch den Habitus definiert ist, wird die individuelle Handlungsentscheidung durch den äußeren Handlungsrahmen begrenzt, der die Kapitalverteilung und die institutionellen Gegebenheiten beinhaltet. Durch diese Darstellung wird es möglich, die Entwicklung des Habitus über eine Art Rückkopplungsprozess zu beschreiben. Da der Habitus über die reflektierte Handlung eines Menschen konstituiert wird, kann er somit auch nur über diese verändert werden. Außerdem erlaubt diese Sichtweise, abhängig von der jeweiligen gesellschaftlichen Ebene, zwischen Kapitalaneignungsfähigkeiten (Mikro- –> Meso-Ebene) und Kapitalaneignungsgelegenheiten (Makro- –> Meso-Ebene) zu unterscheiden und die Wechselwirkungen der unterschiedlichen Kapitalsorten mit dem individuellen Habitus, den institutionellen Gegebenheiten und den Machtstrukturen der Gesellschaft zusammenhängend zu analysieren.

4. Analyse der Mechanismen der „sozialen" Vererbung

Wenn man sich der Frage nähert, wie soziale Ausgrenzungsprozesse entstehen, findet man Hinweise darauf, dass die

Deprivationen der unteren Sozialschichten nicht durch einzelne Einflüsse und Ereignisse ausgelöst werden, sondern im Verlauf eines Lebens verschiedenen Benachteiligungen zusammenwirken und mit Schutzfaktoren interagieren. Erst aus diesem Zusammenspiel entstehen die mannigfaltigen sozialen Ungleichheiten.

Beginnend schon vor der Geburt eines Menschen haben Föten, abhängig vom sozialen Status der Mutter, unterschiedliche Entwicklungsmöglichkeiten. Da der Fötus über die Nabelschnur direkt mit seiner Mutter verbunden ist, ist er den gleichen Belastungen ausgesetzt wie diese. So bestimmt das Verhalten der Mutter während der Schwangerschaft die Entwicklungsmöglichkeiten des ungeborenen Kindes. Als problematische Verhaltensweise kann hier eine Unter- bzw. Fehlernährung, die Nicht-Inanspruchnahme von medizinischen Vorsorgeuntersuchungen, sowie der Konsum von bestimmten Medikamenten, Tabak und Alkohol während der Schwangerschaft genannt werden. Verschiedenste Untersuchungen liefern Hinweise darauf, dass diese Verhaltensweisen zu einer Vergrößerung des Risikos für Frühgeburten, Missbildungen und niedrigem Geburtsgewicht führen und die Kinder später überdurchschnittlich oft von bestimmten Erkrankungen betroffen sind. Außerdem können die pränatalen Belastungen die neurokognitive Entwicklung der Kinder stören (Robert Koch Institut 2008, S. 41 f.). Nach Ergebnissen der KIGGS-Studie zeigen Mütter aus niederen sozialen Schichten überdurchschnittlich häufig die beschriebenen schädlichen Verhaltensweisen. Wenn man unterstellt, dass dieses Verhalten zum Teil auf den schichtspezifischen Lebensstil zurückzuführen ist, geschieht schon vor der Geburt eine soziale Vererbung der sozioökonomischen Kapitalien von der Mutter auf das ungeborene Kind.

Nach der Geburt ist die Beziehung zur Mutter für den Säugling elementar, sie bietet emotionale Geborgenheit und

Sicherheit und ist somit prägend für den Reifeprozess des Kindes. Für die Bindung eines Kleinkindes zur Mutter ist außerdem das Stillverhalten bedeutend. Die Stillhäufigkeit und Stilldauer ist in der Bundesrepublik schichtspezifisch verteilt, Mütter aus oberen Sozialschichten stillen ihre Kinder häufiger als Mütter aus unteren Schichten (Robert Koch Institut 2008, S. 93 f.). Das familiäre Umfeld und vor allem die Bindung zwischen dem Säugling und seiner Mutter lassen sich als das erste Sozialkapital beschreiben, von dem ein Mensch profitiert. Es lässt sich festhalten, dass die frühkindliche Entwicklung in großem Maße beeinflusst ist von der Kapitalausstattung der Eltern. Sei es, dass diese aufgrund ihres ökonomischen Kapitals in einer kleinen Wohnung minderer Qualität leben, in der es den Kindern nur eingeschränkt möglich ist, ihren Bewegungsdrang auszuleben, oder dass die Eltern ihre Kinder nicht zur Früherkennungsuntersuchung oder in einer Kindertagesstätte anmelden (vgl. Seyda 2009, S. 242). Aufgrund der eingeschränkten Entwicklungsmöglichkeiten, aber auch durch die Erziehung, die, wie einige Studien zeigen, ebenfalls vom gesellschaftlichen Status abhängig ist, eignen sich die Kinder die Handlungsschemata ihrer sozialen Schicht an. Für diesen Aneignungsprozess gibt es noch weitere Beispiele, wie das Sport/Bewegungs- und Ernährungsverhalten von jungen Menschen. Aktuelle Studien zeigen, dass das Sport- und Ernährungsverhalten von Kindern stark von den Verhaltensweisen der Eltern beeinflusst wird und Kinder aus Familien mit einem hohen Sozialstatus häufiger sportlich aktiv sind und tendenziell günstigere Ernährungsgewohnheiten aufweisen als Kinder aus unteren Schichten (Deutscher Bundestag 2009, S. 107). Wenn man die Übertragung von Handlungsschemata im Zusammenhang sieht, z.B. mit der nach sozialer Schicht variierenden Auftrittshäufigkeit von Übergewicht, wird erkennbar, welche Folgen diese soziale Vererbung hat. Übergewicht bedeutet für die Betroffenen zum einen ein langfristiges Gesundheitsrisiko, darüber hinaus sind Übergewichtige häufig einer gesellschaftlichen Stigmatisierung ausgesetzt, welche die Persönlichkeitsentwicklung empfindlich stören kann (vgl. Schmidt und Steins 2000, S. 251 ff.). Diese Beeinträchtigung der Persönlichkeitsentwicklung kann wiederum Folgen in anderen Bereichen, wie z. B. der Schule, nach sich ziehen. So führen verschiedene Faktoren dazu, dass bereits beim Eintritt in die Grundschule schichtspezifische Entwicklungsunterschiede festgestellt werden können, welche ihre Wirkung über die gesamte Schulzeit hinweg entfalten (Autorengruppe Bildungsberichterstattung (Hrsg.) 2010, S. 59).

Die Analyse der Studienergebnisse zeigt somit, dass die Kapitalausstattung der Eltern bereits vor der Geburt eine wichtige Rolle für die Entwicklungschancen des Kindes spielt. Und auch nach der Geburt sind besonders der Lebensstil und die Verfügung über ökonomisches Kapital entscheidend für die Entwicklungschancen des Kindes. Heranwachsende eignen sich im Laufe ihrer Entwicklung außerdem die Handlungsschemata ihres sozialen Umfeldes und damit ihrer sozialen Schicht an. Die Analyse zeigt außerdem, dass Heranwachsende unterer Sozialschichten schon früh durch verschiedenste Deprivationsfaktoren belastet sind und weniger Chancen erhalten, sich adäquate Kompensationsfähigkeiten anzueignen. Ein Missverhältnis zwischen Herausforderungen und den individuellen Möglichkeiten, mit diesen fertig werden zu können, und geringere Chancen auf eine positive Rückmeldung aus dem sozialen Umfeld verstärken bei diesen Schichten das Risiko, negativem Stress ausgesetzt zu sein sowie ein Ohnmachtsgefühl zu entwickeln. Aus diesem Grund geraten diese Personen in einen Negativkreislauf, der im Sinne Bourdieus zu einer Kapitalenteignung führen kann und die Entwicklung eines Menschen nachhaltig behindert.

Darüber hinaus gibt es empirische Hinweise darauf, dass Entwicklungsverzögerungen in Deutschland selten durch die Meso-Ebene kompensiert werden können. Es sind sogar Mechanismen erkennbar, die zu einer Verstärkung der Benachteiligungen führen (vgl. Solga 2008b, S. 6). Neben den strukturellen Gegebenheiten innerhalb des Schul- und Gesundheitssystems, sind die elterlichen Entscheidungen hier ein relevanter Faktor (vgl. Ditton und Kruüsken 2006, S. 365). Auch in diesem Zusammenhang spielen neben den ökonomischen Ressourcen vor allem auch die schichtspezifischen Frames und Habits eine entscheidende Rolle.

Die vorhandenen empirischen Befunde liefern allerdings auch verschiedene Indizien dafür, dass Deprivationsfaktoren durch individuelle Schutzfaktoren (Mikro-Ebene) und das soziale Umfeld (Meso-Ebene) moderiert werden. Es zeigt sich, dass Personen mit einem niedrigen sozioökonomischen Status dann eine Aufstiegschance haben, wenn sie einerseits auf der Mikro-Ebene über die notwendigen Wahrnehmungs- und Handlungsschemata, wie das Gefühl der Handlungsfähigkeit, Selbstwirksamkeit oder Stressverarbeitungskompetenzen, verfügen und andererseits auf der Meso-Ebene sozialen Rückhalt erfahren und innerhalb ihres Umfeldes positive Vorbilder besitzen. So wird z.B. das kindliche Risiko einer defizitären Sprachentwicklung durch das Selbstwirksamkeitsgefühl der Eltern und ein sicheres soziales Umfeld reduziert (vgl. Beling-Lambek 2011, S. 85 f.).

Auf dieser Basis lässt sich festhalten: Es gibt nicht *den* sozial Deprivierten, sondern es lassen sich vielmehr vier Armutstypen konstruieren: Typ 01 verfügt über keinerlei Schutzfaktoren, bei Typ 02 und 03 sind auf der Meso- oder auf der Mikro-Ebene protektive Bedingungen vorhanden und der Armutstyp 04 besitzt auf beiden Ebenen Schutzfaktoren.

Orientiert an den vorhandenen bzw. in diesem Fall nicht vorhandenen Schutzfaktoren heißt der erste Armutstyp:

die isolierten Inaktiven. Wie der Name bereits sagt, verfügen Personen dieses Armutstyps nur über sehr wenige Sozialkontakte und sind auch ansonsten von sämtlichen gesellschaftlichen Austauschbeziehungen abgehängt. Institutionen gegenüber sind sie grundsätzlich misstrauisch eingestellt, und Gesundheit spielt für diesen Armutstyp eine nachrangige Rolle. Außerdem fehlen den Vertretern dieses Typs grundlegende Kompetenzen, und sie sehen sich selbst als Außenseiter und Versager, was dazu führt, dass ihre Aufstiegschancen gleich Null sind.

Die Selbstwahrnehmung der *eingebundenen Hasardeure* – des zweiten Armutstyps – ist ebenfalls eher negativ, dafür sind sie aber deutlich aktiver und gut vernetzt. Allerdings neigen Personen des zweiten Armutstyps zu riskanten Verhaltensweisen auch im Umgang mit Institutionen. Gesundheit wird als etwas nicht zu Beeinflussendes wahrgenommen.

Der dritte Armutstyp: *die entfremdeten Einzelkämpfer* besitzen ein relativ positives Selbstkonzept, sind sehr aktiv und streben nach gesellschaftlichem Aufstieg. Aus diesem Grund haben sie sich von ihrem sozialen Umfeld entfremdet. Personen des Armutstyp 03 sind chronisch überfordert und verfügen über wenig zeitliche und ökonomische Ressourcen. Dies führt auch dazu, dass sie sich nur sehr wenig um ihre Gesundheit kümmern können und das Gefühl haben, nicht krank werden zu dürfen. Die Aufstiegschancen der beiden mittleren Armutstypen 2 und 3 sind eher gering.

Der vierte Armutstyp verfügt sowohl auf der Mikro-Ebene als auch auf der Meso-Ebene über Schutzfaktoren. *Die vernetzten Macher* haben ein positives Selbstkonzept und interpretieren ihre Benachteiligung als Herausforderung. Sie sind gut in ihr soziales Umfeld eingebunden, welches das Aufstiegsstreben unterstützt. Eine solide Bildungsorientierung und das aktive Bemühen um die eigene Gesundheit stellen gute Voraussetzungen für den gesellschaftlichen Aufstieg dar.

Zu dieser Typologie muss angemerkt werden, dass diese nicht, wie häufig üblich, das Ergebnis qualitativer Befragungen ist, sondern durch eine Systematisierung unterschiedlichster sozialstatistischer Befunde entstanden ist. Hier liegt auch der Grund dafür, dass horizontale Ungleichheitsdimensionen wie zum Beispiel Alter und Geschlecht in der Typologie nicht berücksichtigt werden konnten, obwohl davon auszugehen ist, dass diese als intervenierende Variable in den Verursachungszusammenhängen sozialer Ungleichheit zu betrachten sind. Die Armutstypologie versteht sich somit nicht als Endpunkt, sondern als Basis für anschließende Forschungen.

5. Schlussfolgerungen

Anhand der dargestellten Armutstypologie lässt sich das deutsche System der Inklusionsförderung auf systematische Lücken hin analysieren. So lassen sich verschiedene Hinweise darauf finden, dass die Struktur des konservativen deutschen Sozialstaats nicht in erster Linie darauf abzielt, die Aufstiegschancen unterer Schichten zu vergrößern, sondern eher auf eine Lebensstandardsicherung ausgerichtet ist. Das deutsche System der sozialen Sicherung versucht vor allem über finanzielle Unterstützungsleistungen soziale Risiken aufzufangen und ist dabei immer auf das Erwerbsarbeitssystem hin ausgerichtet, was zur Folge hat, dass Risiken außerhalb dieses Systems weniger abgesichert werden. Darüber hinaus ist das soziale Sicherungssystem in der Bundesrepublik Deutschland tendenziell stärker darauf ausgerichtet, Kapitalaneignungsgelegenheiten bereitzustellen als die Kapitalaneignungsfähigkeiten benachteiligter Personen zu fördern. Insgesamt wird eine grundsätzliche Orientierung am homo oeconomicus erkennbar und somit ist es nicht überraschend, dass das deutsche Fördersystem zwar in der Lage ist, „die vernetzten Macher" angemessen zu unterstützen, die anderen Armutstypen allerdings kaum von den Hilfen profitieren können.

Aufgrund der großen Hürden bei der Inanspruchnahme kann die Situation der Personen der ersten drei Armutstypen durch die Bereitstellung von Kapitalaneignungsgelegenheiten sogar noch verschlechtert werden, da oberflächlich betrachtet die Möglichkeiten für einen sozialen Aufstieg vorhanden sind. So entsteht der Eindruck, die Menschen wollten ihre Chance nicht nutzen. Durch diesen Mechanismus werden die Ursachen für die Chancenlosigkeit der unteren Sozialschichten in deren Verantwortungsbereich verschoben.

Auf den Ergebnissen aufbauend lassen sich Ansatzpunkte lokalisieren, die eine Verbesserung der vorhandenen Förderstrukturen ermöglichen könnten. Wie die Analyse zeigt, besitzt das kulturelle Kapital eine enorme Relevanz für die individuellen Chancen auf einen sozialen Aufstieg. Eine Verbesserung der gesellschaftlichen Inklusion kann somit nur dann erreicht werden, wenn die Fördermaßnahmen in der Lage sind, den Menschen eine Veränderung ihres Habitus zu ermöglichen.

Nach dem in dieser Untersuchung entwickelten Modell ist eine Veränderung des Habitus grundsätzlich nicht kurzfristig und damit nicht mithilfe von Kurzzeitinterventionen möglich. Überdies muss das Individuum zum einen sich selbst als handlungsfähig erfahren können und zum anderen muss seine Handlung eine soziale Rückmeldung produzieren. Interventionen, die auf Bewegungsförderung, ästhetische Erziehung und rhythmische Betätigung zielen, können dieses bewirken. Nur auf diese Weise ist es möglich, die inkorporierten Frames und Habits zu irritieren und neue kognitive Schemata zu entwickeln. Es wird deutlich, dass das Sozialkapital elementar für eine Veränderung des Habitus ist. Da Personen am unteren Rand der Gesellschaft häufig sozial isoliert leben, fehlt ihnen die für eine Habitusmodifikation notwendige soziale Rückmeldung. Um die Kapitalaneignungsfähigkeiten von ausgegrenzten Personen verbessern zu können, müssen an dieser Stelle etwa die Sozialen Dienste, die Schule, Vereine und andere ähnliche Institutionen einspringen und die Funktion des sozialen Kapitals übernehmen.

Der beschriebene Ansatz darf nicht dahingehend falsch verstanden werden, es werde hier einem individualistischen Ansatz das Wort geredet, der äußere Einflüsse ignoriert. Das Gegenteil ist der Fall: Damit jeder Einzelne die Möglichkeit auf soziale Inklusion erhält, müssen gerade auch die äußeren Rahmenbedingungen inklusiv ausgestaltet werden. Um dieses Ziel erreichen zu können, ist es notwendig, die Förderstruktur stärker am Menschenbild des homo sociologicus auszurichten, was mehr vertikale Umverteilung von oben nach unten, finale Ausrichtung der Hilfen und einen stärkeren Fokus auf individuelle Förderung der Kapitalaneignungsfähigkeiten bedeutet.

Selbstbemächtigung muss so verstanden werden, dass sowohl die individuellen Voraussetzungen als auch die äußeren Bedingungen auf eine Art beeinflusst werden, die dem Einzelnen die größtmöglichen Chancen auf eine soziale Inklusion ermöglicht.

Literaturverzeichnis

Autorengruppe Bildungsberichterstattung (2008): Bildung in Deutschland 2008. Ein indikatorengestützter Bericht mit einer Analyse zu Übergängen im Anschluss an den Sekundarbereich I, Bielefeld: Bertelsmann.

Autorengruppe Bildungsberichterstattung (Hrsg.) (2010): Bildung in Deutschland. Ein indikatorengestützter Bericht mit einer Analyse zur Zukunft des Bildungswesens im Kontext der demografischen Entwicklung. Bielefeld: Bertelsmann.

Autorengruppe Bildungsberichterstattung (2012): Bildung in Deutschland 2012. Ein indikatorengestützter Bericht mit einer Analyse zur kulturellen Bildung im Lebenslauf, Bielefeld: Bertelsmann.

Beling-Lambek, Regina (2011): Armut und Sprachentwicklungsstörungen. Zusammenfassung der Ergebnisse einer qualitativen Studie, in: L.O.G.O.S. Interdisziplinär 19 (2), S. 84–89.

Bourdieu, Pierre (1992): Die verborgenen Mechanismen der Macht. Unveränd. Nachdr. der 1. Aufl. von 1992. Hamburg: VSA-Verl. (1).

Capron, Christiane; Duyme, Michel (1989): Assessment of effects of socio-economic status on IQ in a full cross-fostering study, in: Nature 340 (6234), S. 552–554.

Deary, I. J. Spinath F. M. und Bates T. C. (2006): Genetics of intelligence. In: European Journal of Human Genetics, H. 14, S. 690–700.

Deutscher Bundestag (Hg.) (2009): Gutachten 2009 des Sachverständigenrates zur Begutachtung der Entwicklung im Gesundheitswesen. Koordination und Integration – Gesundheitsversorgung in einer Gesellschaft des längeren Lebens. (Drucksache des deutschen Bundestages, 16/13770).

Ditton, Hartmut; Krüsken, Jan (2006): Der Übergang von der Grundschule in die Sekundarstufe I, in: Zeitschrift für Erziehungswissenschaft 9 (3), S. 348–372.

Esser, Hartmut (1991): Alltagshandeln und Verstehen. Zum Verhältnis von erklärender und verstehender Soziologie am Beispiel von Alfred Schütz und „Rational Choice". Tübingen: J. C. B. Mohr.

Esser, Hartmut (2001): Soziologie – Spezielle Grundlagen. Band 6: Sinn und Kultur. Studienausg. Frankfurt/Main: Campus-Verl.

Esser, Hartmut (2005): Rationalität und Bindung. Das Modell der frame-Selektion und die Erklärung des normativen Handelns. Universität Mannheim. (Rationalitätskonzepte, Entscheidungsverhalten und ökonomische Modellierung). Online verfügbar unter http://www.sfb504.uni-mannheim.de/publications/dp05-16.pdf, zuletzt geprüft am 30.09.2009.

Herrnstein, Richard J.; Murray, Charles (1996): The Bell Curve. Intelligence and Class Structure in American Life. 1. Free Press paperback ed. New York: Simon & Schuster.

Mielck, Andreas (2012): Soziale Ungleichheit und Gesundheit. Empirische Belege für die zentrale Rolle der schulischen und beruflichen Bildung, in: Brähler, Elmar; Kiess, Johannes; Schubert, Charlotte; Kiess, Wieland (Hg.): Gesund und gebildet. Voraussetzungen für eine moderne Gesellschaft, 1. Aufl., Göttingen: Vandenhoeck & Ruprecht, S. 129–145.

Prenzel, Manfred (2007): Pisa 2006: Wichtige Ergebnisse im Überblick, in: Pisa-Konsortium Deutschland (Hg.): Pisa, 06. Die Ergebnisse der dritten internationalen Vergleichsstudie, Münster: Waxmann, S. 13–30.

Power, Chris; Kuh, Diana (2006): Life Course Development of Unequal Health. In: Siegrist, Johannes; Marmot, Michael (Hg.): Social Inequalities in Health. New Evidence and Policy Implications. Oxford: Oxford University Press, S. 27–53.

Robert Koch Institut (Hg.) (2008): Lebensphasenspezifische Gesundheit von Kindern und Jugendlichen in Deutschland. Ergebnisse des Nationalen Kinder- und Jugendgesundheitssurveys (KiGGS). Berlin. (Beiträge zur Gesundheitsberichterstattung des Bundes).

Seyda, Susanne (2009): Kindergartenbesuch und späterer Bildungserfolg. Eine bildungsökonomische Analyse anhand des Sozio-ökonomischen Panels, in: Zeitschrift für Erziehungswissenschaft 12 (2), S. 233–251.

Schmidt, Claudia; Steins, Gisela (2000): Zusammenhänge zwischen Selbstkonzept und Adipositas bei Kindern und Jungendlichen in unterschiedlichen Lebensbereichen, in: Praxis der Kinderpsychologie und Kinderpsychiatrie 49 (4), S. 251–260.

Schmidtke, Jörg (2002): Vererbung und Ererbtes – ein humangenetischer Ratgeber. [genetisches Risiko und erbliche Erkrankungen, vorgeburtliche Untersuchungen und Schwangerschaftsvorsorge, Vererbung und Umwelt, Gentests und Gentherapie]. 2., veränd. Aufl. Chemnitz: GUC – Verl. der Ges. für Unternehmensrechnung und Controlling.

Schneider, Sven (2008): Soziale Schichtunterschiede in Morbidität und Mortalität: Was sind die Ursachen?, in: Deutsche Medizinische Wochenschrift 133 (6), S. 256–260.

Turkheimer, Eric et al. (2003): Socioeconomic Status modifies heritability of iq in young children, in: Psychological Science 14 (6), S. 623–628.

Voges, Wolfgang; Groh-Samberg, Olaf (2012): Arme sterben früher. Zum Zusammenhang von Einkommenslage und Lebenslage und dem Mortalitätsrisiko, in: Brähler, Elmar; Kiess, Johannes; Schubert, Charlotte; Kiess, Wieland (Hg.): Gesund und gebildet. Voraussetzungen für eine moderne Gesellschaft, 1. Aufl., Göttingen: Vandenhoeck & Ruprecht, S. 146–168.

Autorenverzeichnis

Babke, Hans-Georg	Professor Dr. Leiter des Arbeitsbereiches Religionspädagogik und Medienpädagogik (ARPM) der Ev.-luth. Landeskirche in Braunschweig, Wolfenbüttel Stiftung Universität Hildesheim, Institut für Evangelische Theologie
Enders, Christoph	Professor Dr. Universität Leipzig, Juristenfakultät, Lehrstuhl für Grundlagen des Rechts
Schaede, Ina	Dr. Vikarin der Ev.-luth. Landeskirche Hannovers
Schütte, Johannes D.	Dr. Wissenschaftlicher Mitarbeiter beim Institut für soziale Arbeit e.V. Münster